高校受験で成功する!

中学生の「合格ノート」

改訂版

教科別 必勝ポイント55

小澤 淳 監修

はじめに

なぜ勉強法ではなくノートの作り方なのか

この本は、合格するための〝勉強法〟を書いた本ではない。〝合格するノートの作り方〟を紹介する本だ。え？　なにが違うの？　どうしてノートなの？　とキミは思ったかもしれないね。

世の中には「こうすれば合格できる」「このやり方で苦手が克服できる」といった勉強法の本がたくさんある。その本を読んだ直後は「よし！わかった！がんばろう！」と思うけれど、１週間もしたらあの決意はどこへやら、もとのだらだらした自分にもどってしまっていた。あるいは本に沿って勉強しているつもりだけど結果が出ない。そういうことはないだろうか。

なぜそうなるのかというと、本に書かれた勉強法がどれほどいいものであっても、読んでわかっただけでは本当に身につかないからなのだ。

一方ノートは、自分で能動的に作るものだ。覚えたことや習ったこと、自分なりに勉強したことをどんどん書き込んで、苦労してノートを作り上げることが、そのまま自分の力になる。もし君が、何からどう勉強したらいいかわからない、と悩んでいるのなら、この本でノートの作り方を見てまねをすることから始めてほしい。

ノートの役割って何だろう

本書では、授業ノート、まとめノート、解き直しノートを作るように言っている。

授業ノートは、授業中に先生が板書したことや話したことを書くノートだが、まとめノートや解き直しノートは、家庭学習で必要となるものだ。

まとめノートは、先生が授業で言ったことを思い出しながら、自分なりに工夫してまとめるノート。解き直しノートは、演習問題やテストで間違った問題だけを抜き出して、解き直すノート。このときに、解き方のポイントや、なぜ間違ったのかも書き込むことを本書では奨めている。この作業を繰り返すことで、同じ間違いをしなくなるだけでなく、習ったことが本当に自分のものになる。この作業をするかしないかで、成績の伸びはぐんと違ってくるのだ。
　教師の立場からすると、まとめノートや解き直しノートを見ることで、「この子はこんなふうに家庭学習をしているのか」「この子はここを理解しているけれど、ここは理解できていないな」「この点についてはもっと説明が必要だな」ということが手にとるようにわかる。指導のヒントになるのだ。生徒によっては「ここがわかりません」と先生へのメッセージをノートに書き込んだり、付箋を貼って提出してくる場合がある。このときのノートは、「ここを教えてください」と先生にアピールするための、大事な道具になる。

合格への第一歩は能動的なノートから

基本的なノートの書き方について

まとめノート　授業で習ったことをその日のうちに自宅でまとめたもの。

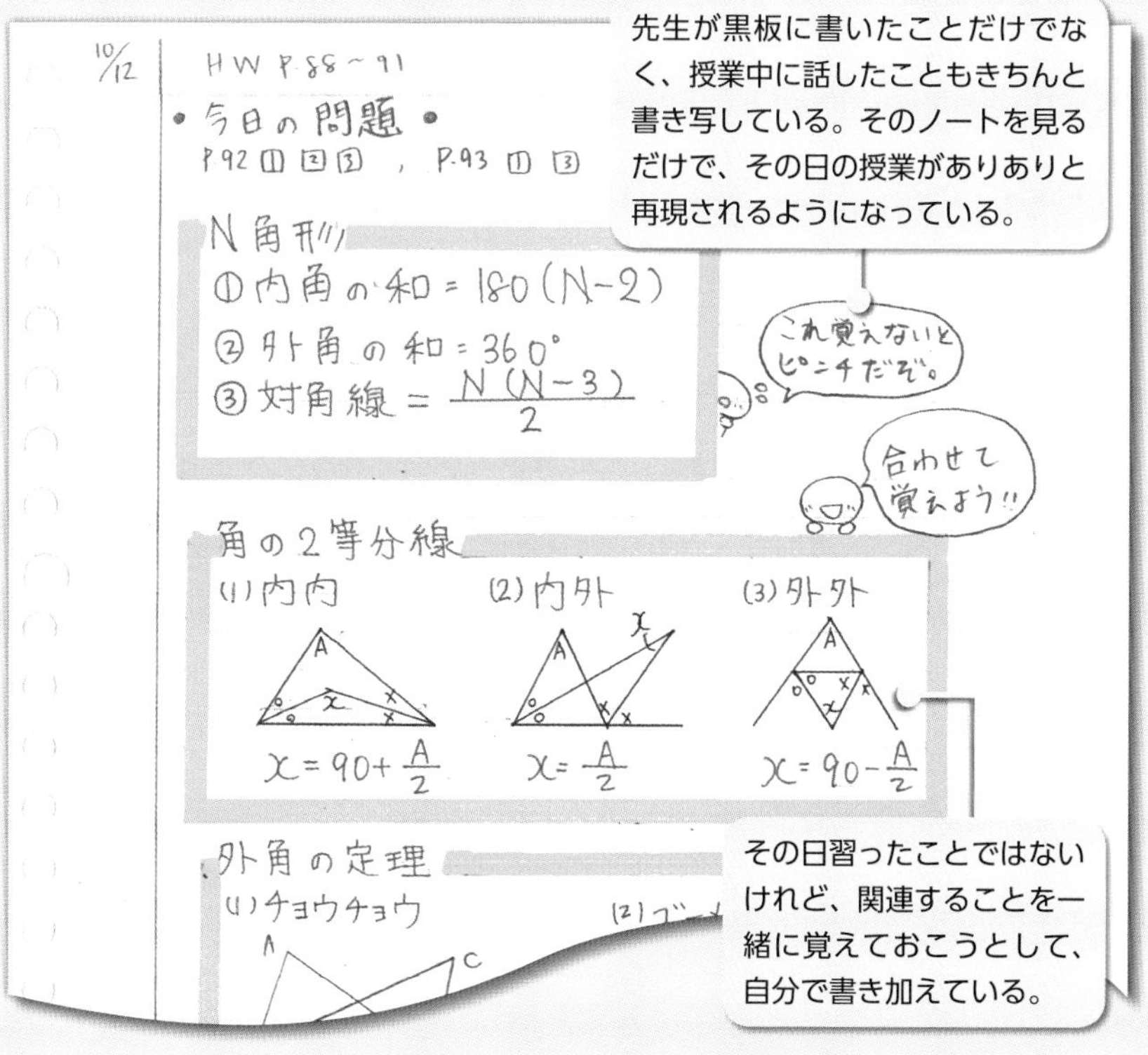

先生が黒板に書いたことだけでなく、授業中に話したこともきちんと書き写している。そのノートを見るだけで、その日の授業がありありと再現されるようになっている。

その日習ったことではないけれど、関連することを一緒に覚えておこうとして、自分で書き加えている。

は、前著『中学生の成績が上がる！教科別ノートの取り方最強のポイント55』で詳しく述べた。前回が、授業ノートを中心に、先生から言われたことをまとめる「受動的なノート」の作り方であったとすれば、今回は自分なりに考え、工夫してまとめたり解き直したりする「能動的なノート」の作り方だ。

この本の中に「これならできそう」という項目が一つでもあれば、そこをきっかけにしてキミの受験勉強を始めてほしい。読んだだけでわかったつもりになるのではなく、実際に手を動かしてノートを作ってほしい。ページを埋めていけば埋めた分だけ力が身についていくはずだ。

解き直しノート

左ページに過去問のコピーを貼りつけ、右ページに解き直しをしている。

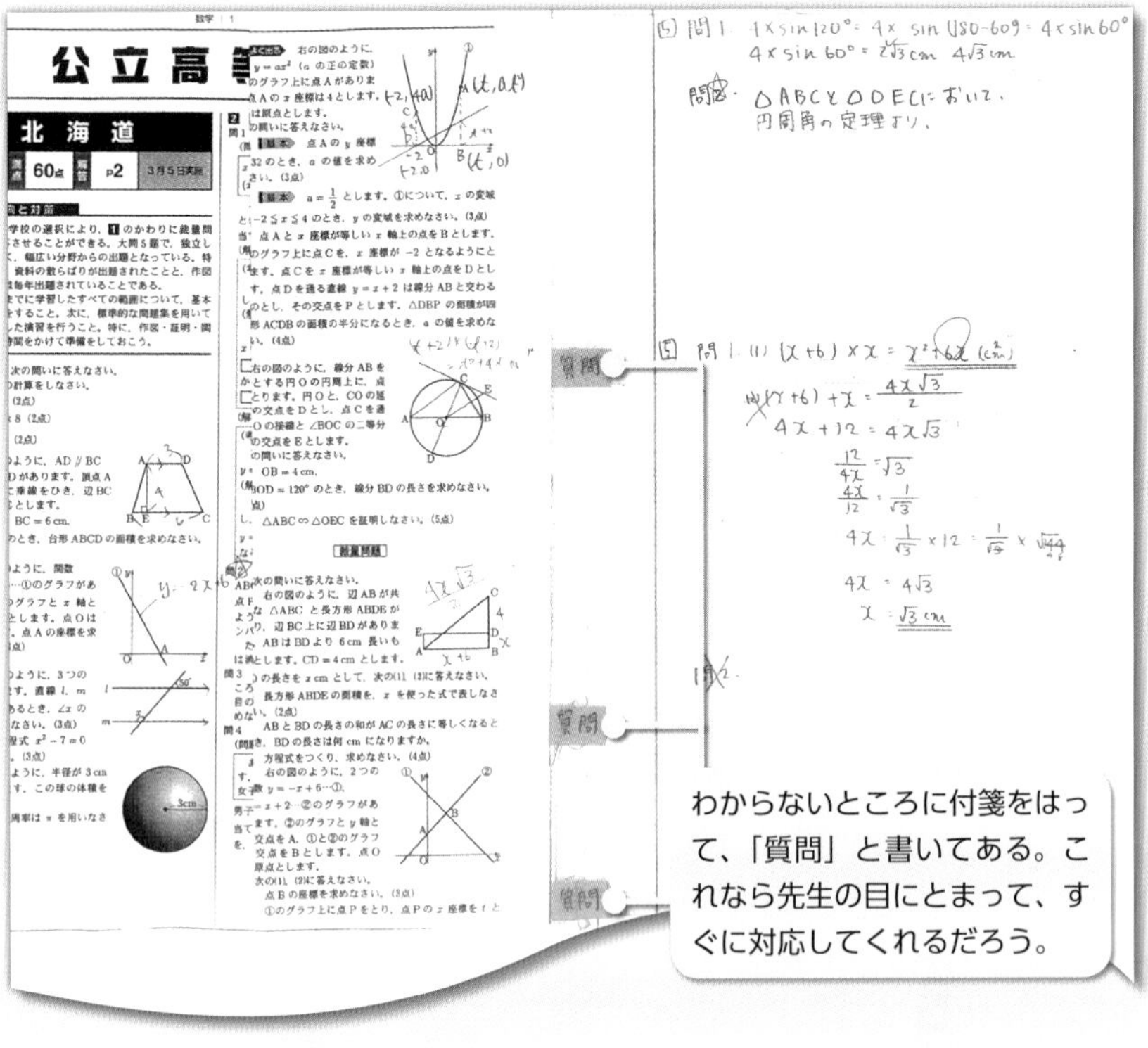

わからないところに付箋をはって、「質問」と書いてある。これなら先生の目にとまって、すぐに対応してくれるだろう。

高校受験で成功する！

中学生の「合格ノート」改訂版 教科別必勝ポイント55

※本書は2014年発行の『高校受験で成功する!中学生の「合格ノート」教科別必勝ポイント55』を「改訂版」として発行するにあたり、装丁を変更し、加筆・修正をしたものです。

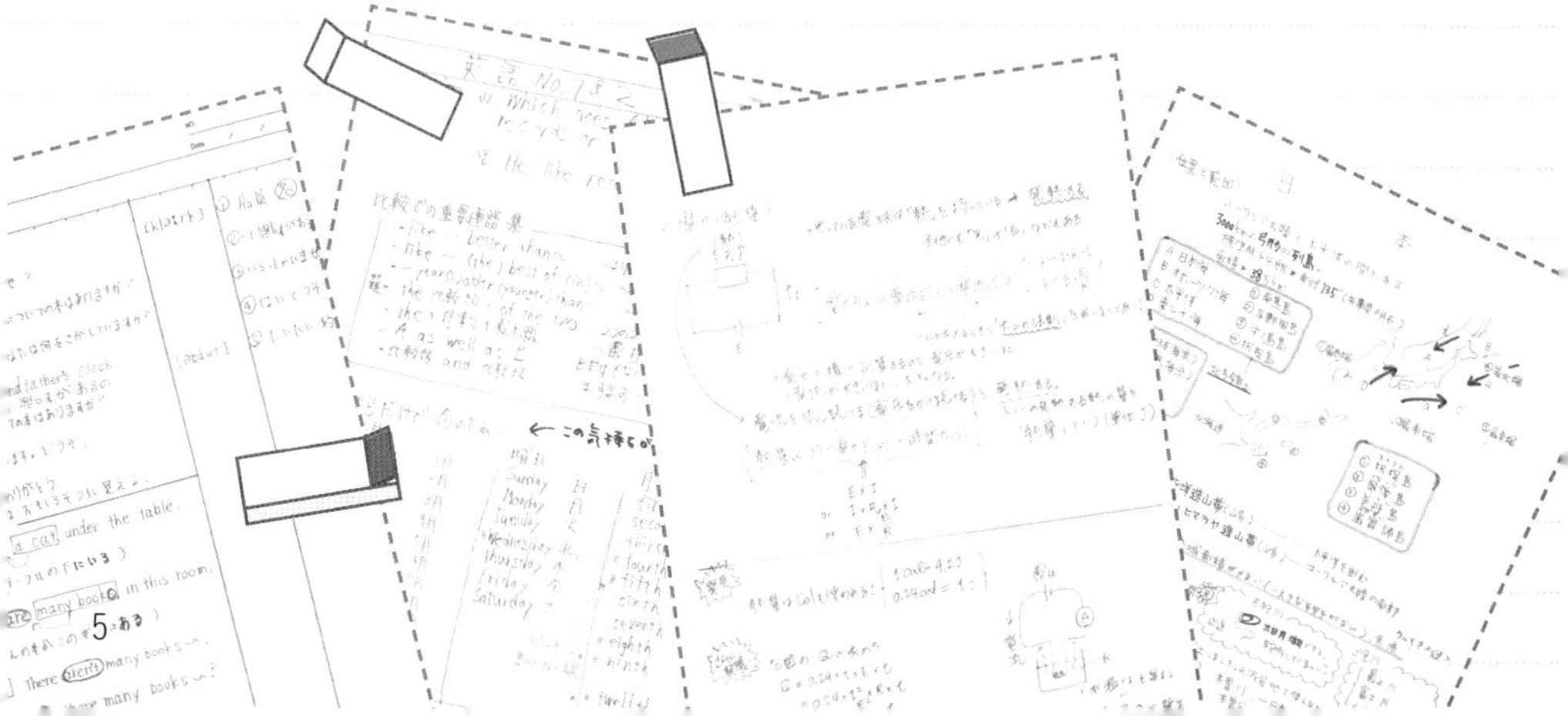

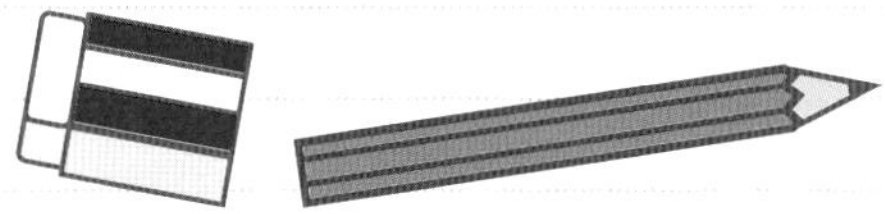

教科別合格ノートの作り方 数学編

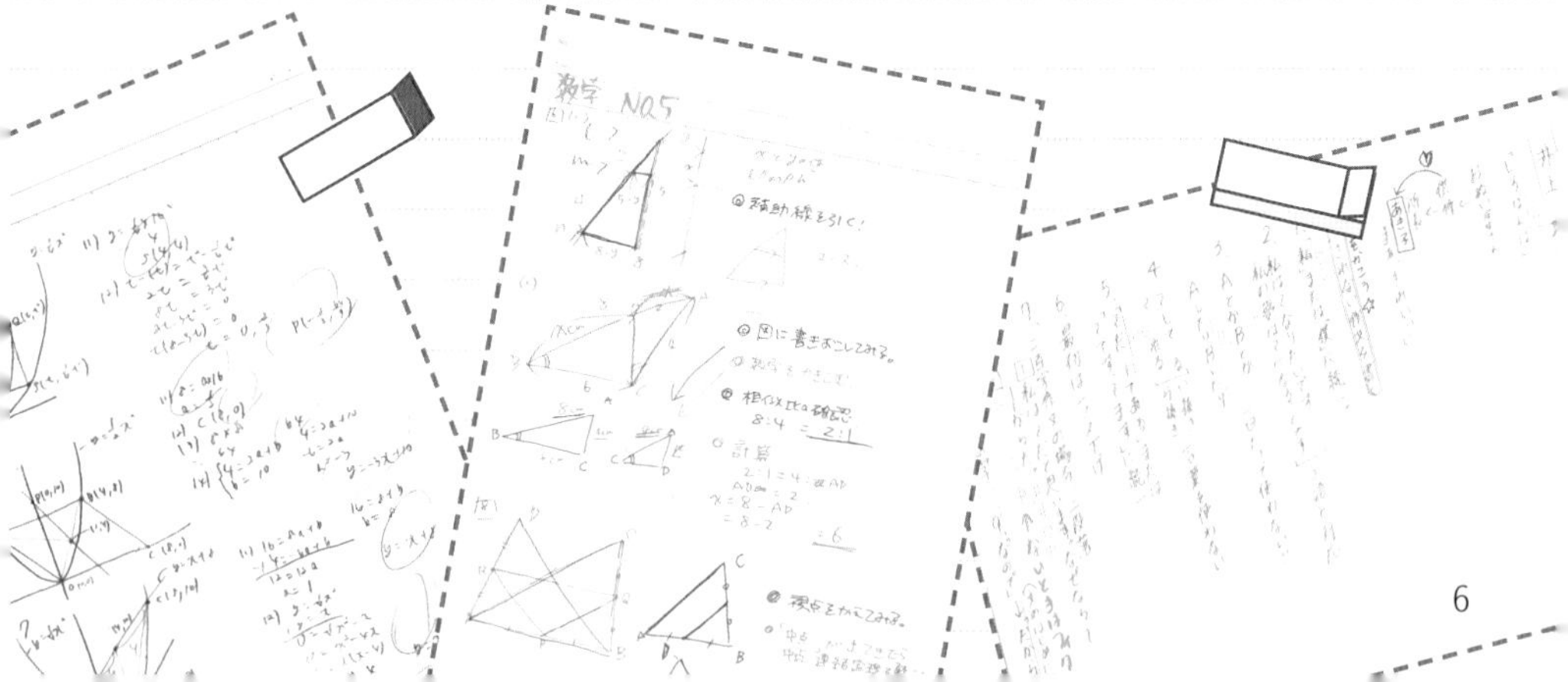

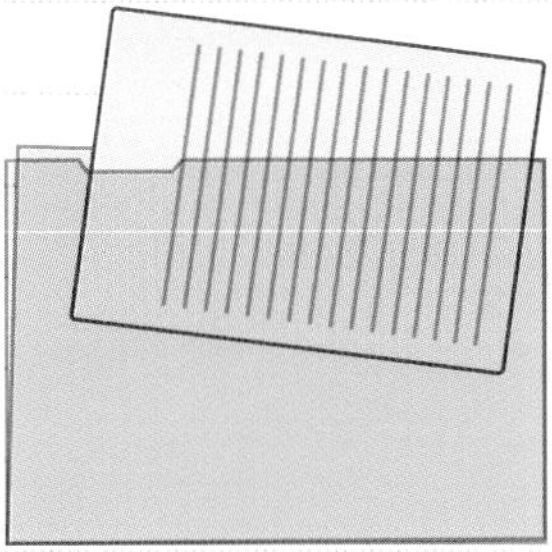

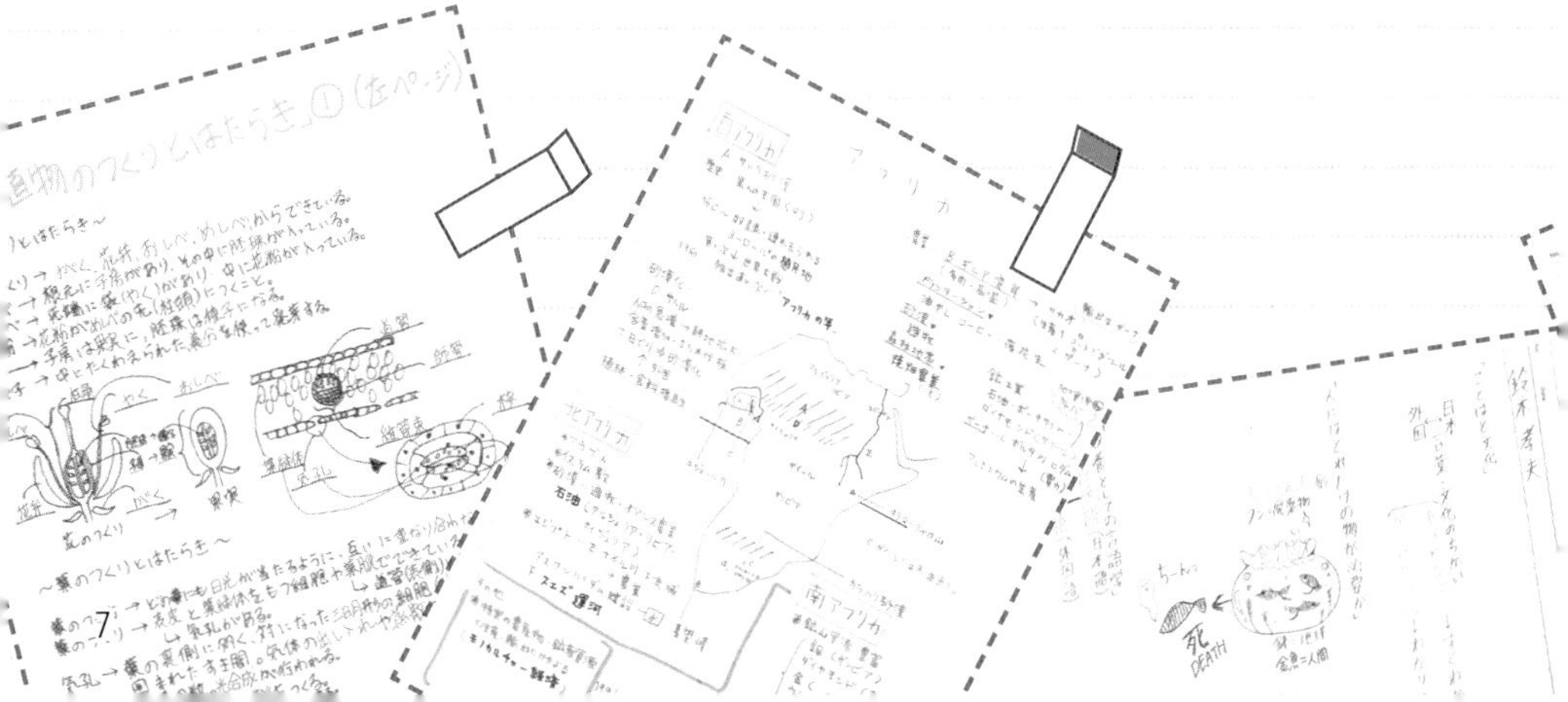

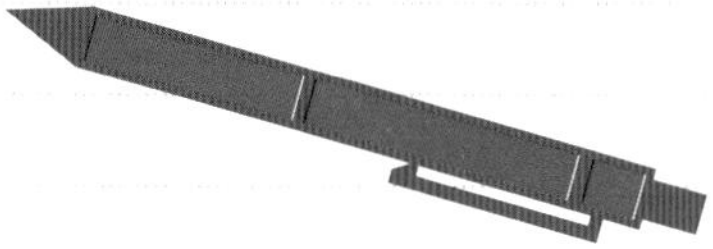

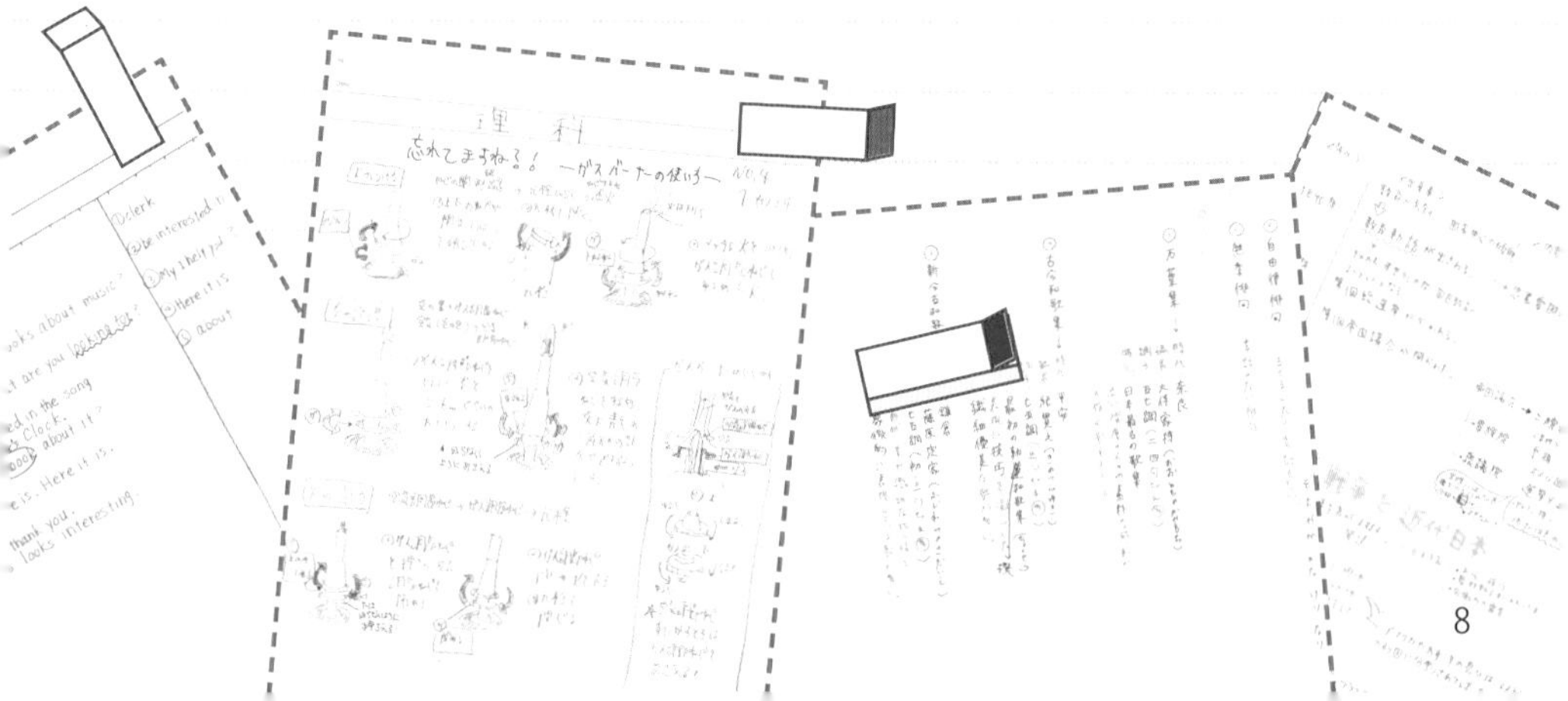

受験勉強モードに切り替えよう

心がまえ編

まだまだ受験なんて先のこと、部活が忙しくて時間がない、と勉強を先延ばしにしてきたキミ、その気持ちはわかるけど、いつまでも先延ばしにしているわけにはいかないよね。私立高校を受験するのなら、早いところでは１月から入学試験が始まる。中３の４月から数えると受験まで 10 カ月足らず。ぼやぼやしていたらあっという間に本番だ。スタートは早いに越したことはない。今日から気持ちを切り替えて、効率よく楽しく勉強に取り組もう。

心がまえ 1

いつから受験勉強を始めるか

ここがポイント

なるべく早くスタートしよう

受験勉強のスタートに、早すぎるということはない。キミが、「この高校に行きたい！」と思ったら、そのときが受験勉強のスタートだ。ついつい勉強を後回しにしてきたキミも、中3の夏休みにはスタートしよう。それより遅くなると、あとからばん回するのはかなり厳しくなる。

本当を言えばもっと現実的な理由で、受験勉強のスタート日は決まっている。

調査書について知っておこう

キミは「調査書」という言葉を知っているかな？

調査書とは、生徒の教科ごとの評価・評定（つまり成績のこと）、出欠の記録、部活動や特別活動の記録、日々の生活態度などが書かれたものだ。

調査書は、キミが受験したいと思う高校に送られ、その内容と、入学試験の点数とで、キミの合否が決定する。推薦入試では、調査書のウエイトが非常に大きいと考えられる。一般入試の場合も、たとえ試験でよい点を取ったとしても調査書の評価が低ければ、合格を逃してしまうこともある。調査書でどんな評価がされるかは、おおげさに言えば、キミの将来を決定するほど重要なのだ。

であれば、調査書にできるだけよい評価を書いてもらうことが望ましい。それには、日々の勉強をしっかりやって、中間テストや期末テストなどの定期テストで、よい点数を取ることだ。つまり、調査書の対象になる学年から受験勉強は始まっているのだ。

問題は、いったいいつからいつまでの成績が調査書に載るのかということだが、これは都道府県によって異なる。中学3年のみのところもあれば中学2年から、あるいは中学1年からの成績が調査書に記載されるところもある。

自分の都道府県の場合はどうなのか、早めに調べておこう。

定期テストでがんばることが受験対策の第一歩

中1の成績から調査書に載るのなら、もし、中1のときにひどい成績を取ってしまったら、残りの中2、中3のテストで相当がんばってばん回しなければならない。中3の成績だけが対象という都道府県のキミも、じゃあ中1、中2のときの勉強は適当でいいやというわけにはいかない。中3で習うことは、中1、中2で習ったことが土台となっているからだ。中3の内容を理解するためには、中1、中2の復習をしなければならない。であれば最初からちゃんと勉強をしておいたほうが、よけいな時間がかからず結局ラクなのだ。

調査書は、公立だけでなく、私立高校の受験にも必要になる。よい評価を得るためには、日々の勉強をしっかりやろう。それが何よりの受験対策になる。

CHECK!

CHECK 1 受験勉強のスタートは早いにこしたことはない

CHECK 2 遅くても中３夏にはスイッチを入れよう！

CHECK 3 調査書に記載される成績は何年生からか知っておこう！

心がまえ

2

ここがポイント

勉強の時間を確保しよう

最初に空き時間の把握をしよう！

勉強をしなければとは思うけれど、忙しくて時間がないというキミ。時間はつくるものだ。まず、1週間の生活時間割を作ってみよう。

横軸に曜日を入れ、縦軸に30分刻みの時間を入れる。そして、学校の授業、行事、部活、塾など、絶対に必要だとわかっている時間を塗りつぶす。睡眠時間も少なくとも7時間はきちんと確保すること。こうして残ったところが自由になる時間だ。あんがい少ないことがわかるだろうか。ゲームやテレビに夢中になっていたらあっという間に残りがなくなってしまう。まずはそれを認識すること。そして自由時間をどう使うかを考えよう。

先生からのアドバイス

どんなに忙しくても睡眠時間を削ってはだめ。キミたちの体をつくり、疲れを回復させ、免疫力を高めてくれる成長ホルモンが、睡眠中に分泌されるからだ。

CHECK!

CHECK 1　「時間がない」を言い訳にしないようにしよう

CHECK 2　1週間の時間割を作ろう

CHECK 3　自由時間がどれだけあるか把握しよう

CHECK! 1
時間がなくても
「時間を作る」つもりで！

まず、絶対に必要だとわかっている時間を塗りつぶす。

横軸に曜日を入れる。

縦軸に時間を入れる。

	月曜日	火曜日	水曜日	木曜日	金曜日	土曜日	日曜日
6時							
7時	起床 朝食	起床 朝食	起床 朝食	起床 朝食	起床 朝食	起床 朝食	起床 朝食
8時							
9時							
10時						部活	
11時			授業				
12時							
1時							
2時							
3時							
4時							
5時			部活				
6時							
7時				休憩・夕食・お風呂など			
8時							
9時							
10時							
11時				睡眠			
12時							

CHECK! 2
1週間をどう過ごしているか
見直してみよう

残ったところが自由時間。これをどう使うか考えよう。

CHECK! 3
案外時間はあるもの。
これを有効に使おう

塾に通っている人はもっと自由時間が少なくなる。

睡眠時間は少なくとも7時間は確保。

心がまえ 3

おおまかなスケジュールをたてよう

ここがポイント

ぎちぎちのスケジュールは逆効果

何時から何時までは何を何ページやって……とあまり細かく計画を立てるとストレスになるという人は、1週間単位でだいたいこのくらいの分量を仕上げる、と大ざっぱな計画を立てたほうがいい（もちろん、苦にならない人はきっちり計画を立てて勉強するといい）。

だらだら長時間勉強するよりは、50分勉強したら10分休憩というようにメリハリをつけよう。朝起きてからの10分、学校の始業までの10分などのスキマ時間は、数学の計算練習や、漢字、英語の単語を覚える時間などに使うといいだろう。

先生からのアドバイス

スケジュールは、志望校によっても変わってくる。あまりきっちり作り過ぎず、状況が変わったら柔軟に変更しよう。

CHECK!

CHECK 1 スケジュールは
きっちり作りすぎなくていい

CHECK 2 適度な休憩を入れ
メリハリのある勉強をしよう

CHECK 3 スキマ時間は
計算や漢字・単語練習に利用

合格のための勉強法5つのポイント

各教科の勉強法やノートの使い方に入る前に、すべての教科に共通する勉強法について説明しよう。基本的に、公立高校の入試問題は、教科書の内容がしっかりできていればそれほど難しくはない。特別に受験勉強をするというよりは、ふだんの勉強をしっかりしておくことが第一だ。

POINT 1

ここがポイント

日々の勉強が受験勉強の第一歩

まとめノートを作ろう

調査書に書かれる成績が、合否に影響するのであれば、日々の勉強をしっかりやって、よい成績を上げておくことは、受験勉強の第一歩だ。

日々の勉強のときに、キーポイントとなるのは「まとめノート」だ。毎日の授業で先生が黒板に書いたことや話したことを書きとめるのが「授業ノート」だとしたら、家に帰ってから、今日習ったことを自分なりに整理してまとめるのがまとめノートだ。絶対に覚えなければならないポイントをわかりやすくまとめておこう。定期テストのときには、このまとめノートが大いに役に立つ。いわば自分オリジナルの参考書になるのだ。

先生が「重要」と言ったところは必ずまとめノートに整理しよう。まとめノートを見直すだけでもテスト勉強になる。

CHECK!

CHECK 1 受験勉強は日々の勉強から

CHECK 2 授業ノートのほかにまとめノートを作ろう

CHECK 3 大事なことはすべてまとめノートに書いておこう

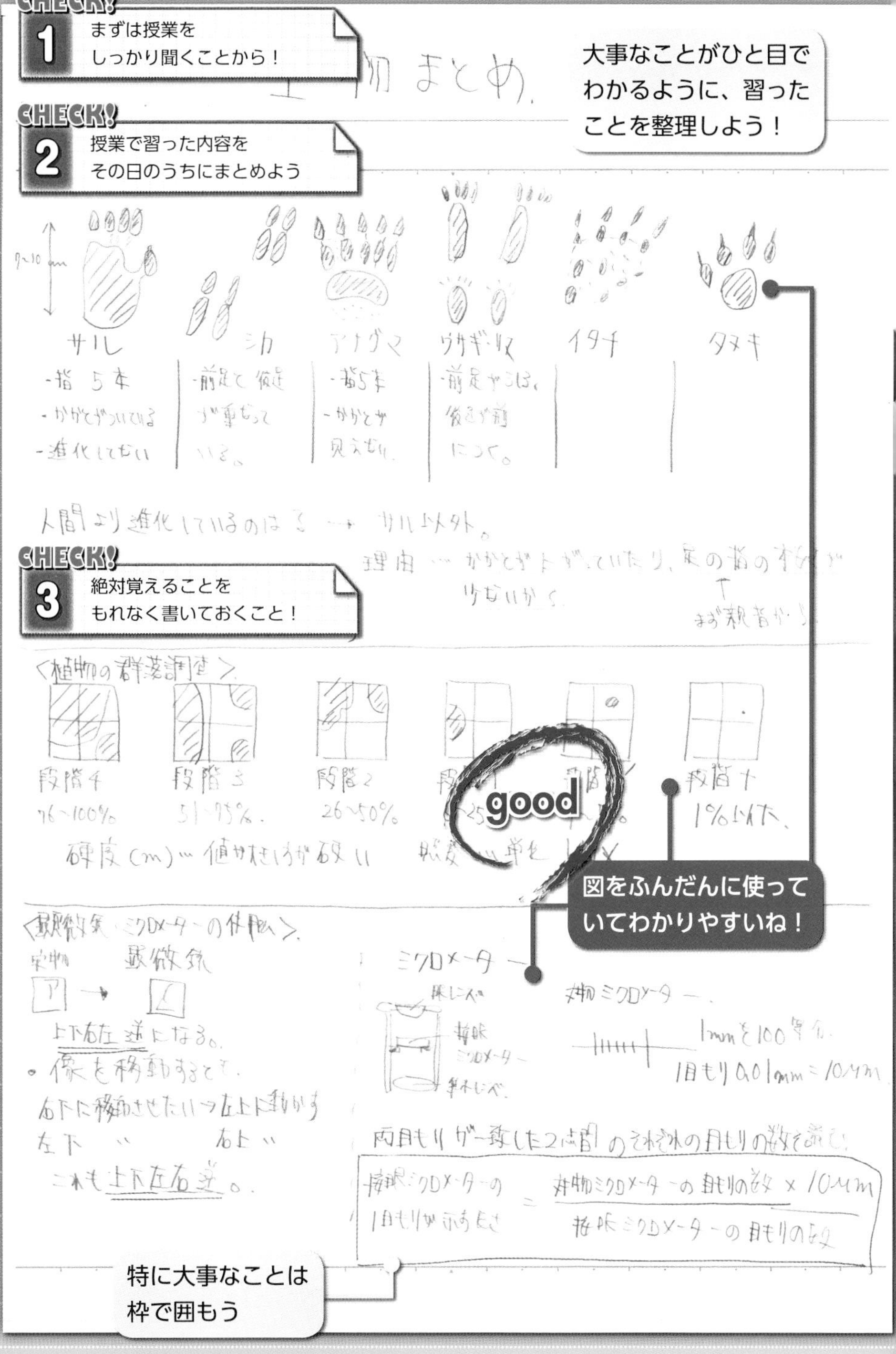

CHECK!
1 まずは授業をしっかり聞くことから！

CHECK!
2 授業で習った内容をその日のうちにまとめよう

CHECK!
3 絶対覚えることをもれなく書いておくこと！

大事なことがひと目でわかるように、習ったことを整理しよう！

good

図をふんだんに使っていてわかりやすいね！

特に大事なことは枠で囲もう

POINT 2

ラストチャンスは中3夏休み

ここがポイント

中1、中2の総復習をしよう

中1、中2のときは部活に忙しくて勉強どころではなかった、まとめノートなど作ってこなかったというキミ、中3の夏休みがラストチャンスだ。スイッチを受験モードに切り替えて、集中して学習に取り組もう。私立高校の入試は、早いところでは1月から始まるので、のんびりしている暇はない。

中1、中2の復習は必ず夏休み中にすませておこう。入試問題の7割は、中1～中2の内容から出題される。復習自体が受験勉強になるのだ。

できれば、2学期の内容を先取りして、余裕をもって2学期をスタートさせたい。秋は学校行事も多く、授業の進行が速くなるからだ。

先生からのアドバイス

夏休み明けからは本格的な模擬試験も始まる。夏休み中にできるだけ復習をすませ、先取り学習もしておきたい。

CHECK!

CHECK 1 中3の夏から受験モードに切り替えよう

CHECK 2 中1～2の復習は、中3の夏休みに終わらせよう

CHECK 3 余裕があれば、2学期の先取り学習もしておこう

POINT 3

ここがポイント

中1、中2の効率的な復習法①

これまでの定期テストを見直そう

中1からの総復習には、これまで受けた定期テストをすべて解き直してみることをおすすめする。3学期制の学校であれば、中1で5回、中2で5回、合計10回のテストを受けてきているはずだ。それらをひととおり解き直してみると、自分が何がわかって、何がわかっていないのか、ざっと把握できる。

できれば、中2の最後の学年末テスト前にこれをやってほしい。このときのテストの範囲には、今まで習った内容がすべて含まれているからだ。定期テストは、重要ポイントが集約されているから、短時間で効率的に復習ができる。

定期テストには大事なことがすべて詰まっている。過去の定期テストを見直すだけでも復習になる。決して捨てたりすることがないように！

CHECK!

CHECK 1 過去の定期テストを解き直そう

CHECK 2 解けなかった問題をピックアップ

CHECK 3 疑問点は先生に確認し、解決しておこう

POINT 4

ここがポイント

中1、中2の効率的な復習法②

問題集で自分の弱点を知ろう

本屋さんに行くと、「中1、中2の総復習」といったタイトルの問題集があるはずだ。その中から、比較的薄くて「これならできそう」と思えるものを1冊買ってきてほしい。問題集は、単元ごとに、①単元のまとめ、②演習問題という構成になっているはずだ。演習問題は、ステップ1、2、3と難易度別になっている場合が多いだろう。まず、ステップ1だけをひととおり解いてみよう。次に、すらすらと解けるもの（○）、解答を見ながらなんとか解けるもの（△）、全く手が出ないもの（×）と、○△×をつけてみよう。△や×がついたものがキミの弱点だ。そこを復習し、弱点を克服するのが第一歩だ。

無駄のない勉強をするためには、自分の弱点を知り、弱点を集中的に克服するのが近道だ。

CHECK!

CHECK 1 「中1中2の総復習問題集」を買おう

CHECK 2 ステップ1の問題をひととおり解いてみよう

CHECK 3 ○△×をつけて弱点を知ろう

POINT 5

ここがポイント

解き直しノートを作る

合格する子は必ず作っている

受験勉強をするにあたって、授業ノート以外に「まとめノート」が必要なことはすでに述べた。もう一つ、必ず作ってほしいのが、間違った問題を解き直すための「解き直しノート」だ。さらに細かく、科目別、演習用、模試用、過去問用と分けてもいい。間違った問題を間違ったままにせず、解き直すことが、成績アップの一番効果的な勉強法だ。

解き直すだけでなく「○○の公式を使え！」「○○のミスに注意！」など、解き方のヒントや間違いやすいポイントも書き込んでおくとさらにいい。

間違いだけを抜き書きすることで、自分が間違いやすい問題の傾向もつかめる。

先生からのアドバイス

正解した問題は解きなおさなくていい。できなかった問題を確実に解けるようにしておくことが、実力アップの近道だ。

CHECK!

- CHECK 1　解き直し専用のノートを作ろう
- CHECK 2　間違った問題は解き直しておこう
- CHECK 3　間違った理由や解き方のポイントをメモしよう

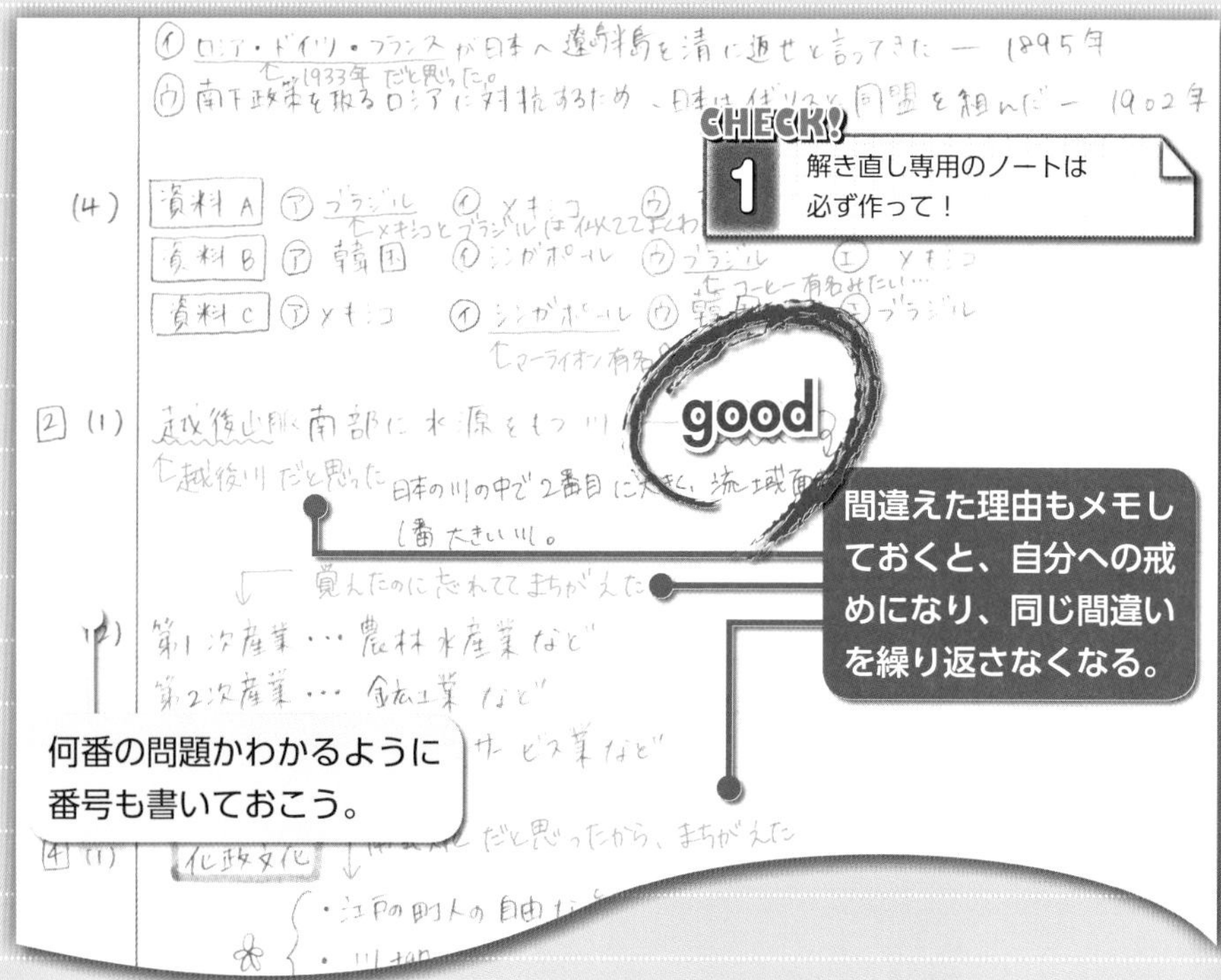
CHECK! 1
解き直し専用のノートは
必ず作って！
good
間違えた理由もメモしておくと、自分への戒めになり、同じ間違いを繰り返さなくなる。
何番の問題かわかるように
番号も書いておこう。

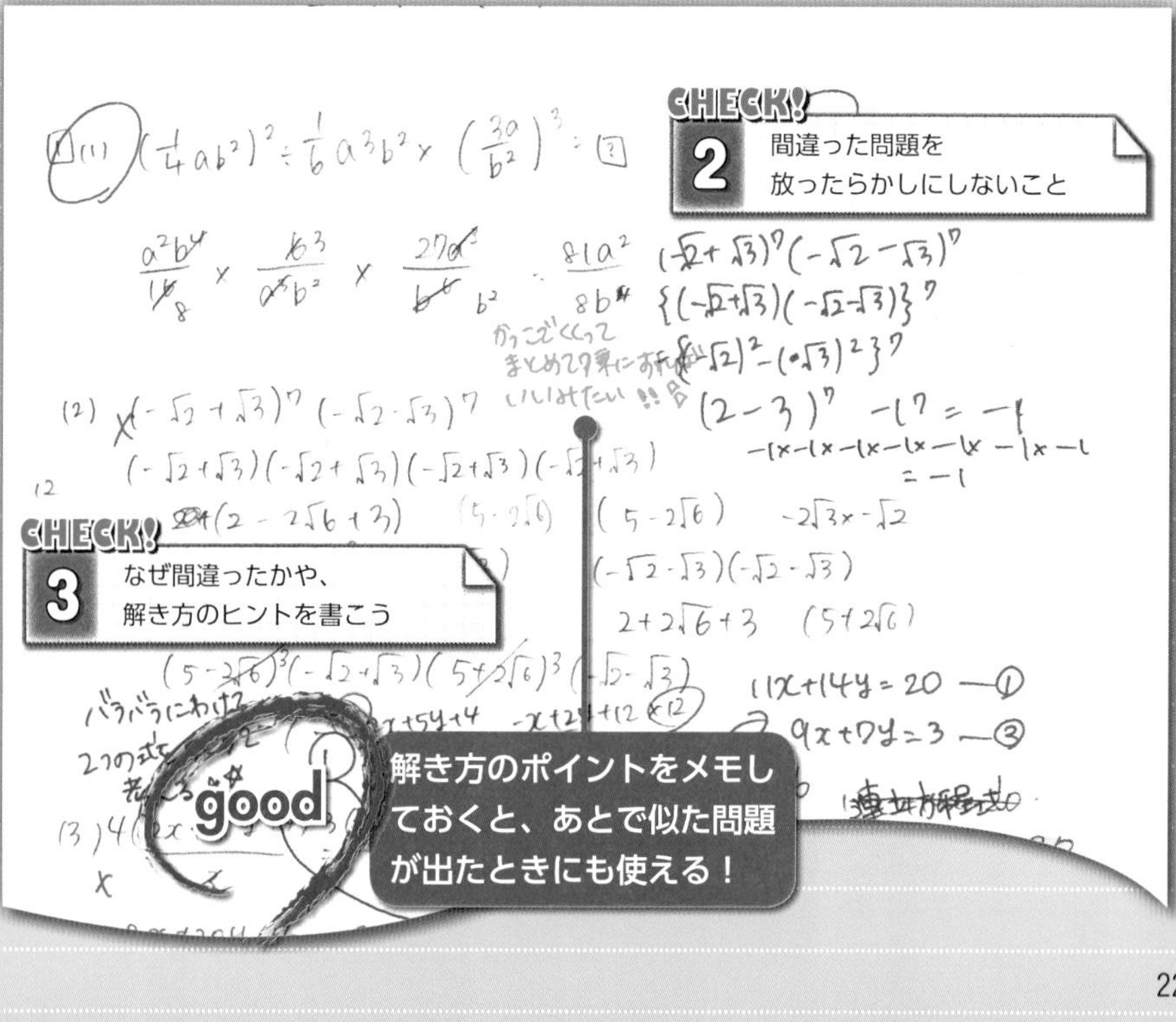
CHECK! 2
間違った問題を
放ったらかしにしないこと
CHECK! 3
なぜ間違ったかや、
解き方のヒントを書こう
good
解き方のポイントをメモしておくと、あとで似た問題が出たときにも使える！

教科別合格ノートの作り方

学習指導要領が変わり、覚えるべき単語数が増え、以前は高校で習っていた文法を中学で習うなど、格段に難しくなった英語。大変だなあと思うかもしれないが、英語は高校入試だけでなく、大学入試、就職、社会人になってからも必要とされるスキルだ。英語を知っていれば世界中の人とコミュニケーションができ、できないよりはできたほうが絶対に人生は楽しくなる。教えられるのではなく、学んでやるという姿勢で、耳・口・目・体全体を使って楽しく学ぼう。

POINT 6

ここがポイント

英語の勉強法

ルールさえ覚えれば怖くない

英語は、英単語や文法など覚えることが多くて大変と思うかもしれない。しかし、英語は言葉。文法というルールを覚え、単語を覚え、ルールに沿って単語を並べていくことで、正しく使える英語が身につく。決してひるむことはない。入試で求められるのはリスニング・英作文・長文読解が主なもの。その土台となるのは、文法と単語だ。文法が骨なら単語は筋肉のようなもの。授業ではその両方をしっかり身につけよう。勉強法としては、まずは新出単語を確実に覚え、教科書の英文をしっかり理解すること。教科書のQRコードから音声教材を聴き、耳と目で覚えるのが有効だ。日々の音読を日課にしよう。

先生からのアドバイス

英語は毎日コツコツが基本。中学の３年間で覚えなければならない単語は最低でも2200語。あとでまとめて覚えるより、その都度確実に覚えよう。

CHECK!

CHECK 1 音声教材をフル活用し耳で学ぼう

CHECK 2 授業の内容をしっかり理解しよう

CHECK 3 単語・文法を確実に覚えよう

POINT 7

英語につまずくポイントを知り対策する

ここがポイント

中1は単語、中2は文法

中1の英語でまずつまずくのは英単語だ。それは、読み方に規則性がないから。たとえば、英語を初めて習う人がYouを「ユー」、Sheを「シー」と読むのは難しい。ここでつまずかないためには、できれば入学前から発音記号と音、口の形と舌のポジションをセットで覚えてしまおう。大変そうだが最低32音。そう多くない。発音記号が読めるようになれば、単語を覚えることはかなり楽になるはずだ。次のつまずきポイントは中2の文法。詳しくは32ページで述べるが、基本例文はすべてノートに書き写し確実に覚えよう。日々の復習をしっかりして、疑問を残さないことだ。

先生からのアドバイス

文法があやしければ、夏休みなどにまとめて文法の復習をしておこう。できれば中３が始まるまでに、総復習をしておきたい。

CHECK!

CHECK 1 入学前に発音記号をすべて覚えよう

CHECK 2 基本例文は確実に覚える

CHECK 3 復習をして疑問を残さない

POINT 8

英語で用意するノート

ここがポイント

授業、まとめ、解き直し、単語は必須

公立の高校入試や私立の推薦入試では、調査書の評定が大きなウエートを占める。だから、日々の勉強をしっかりやって定期テストでよい点を取ることが、受験対策になる。

英語で用意するノートは、授業で使う「授業ノート」、間違った問題を解き直す「解き直しノート」、文法だけをまとめた「まとめノート」、そして「単語練習ノート」だ。

授業ノート1冊に何でも詰め込まないこと。大事なことは、まとめノートに抜き出しておいたほうが、復習のときに見やすい。まとめノートは、入試直前まで、キミのオリジナル参考書として役立つはずだ。

先生からのアドバイス

英語は、単語でも英文でも必ず音読して書くという作業をセットで行うこと。ながめているだけよりも確実に力がつくよ。

CHECK!

CHECK 1　授業ノートに授業の内容をしっかり書こう

CHECK 2　何もかも授業ノート１冊ですまさないように

CHECK 3　文法はまとめノート１冊に集約させよう

POINT 9

授業ノートの使い方

ここがポイント

左に英語、右に日本語訳で

英語は「授業ノート」に必ず予習をしてから授業に臨むこと。時間のある土日にまとめてやってもいいだろう。次の授業で習う英文と単語の音声を聴き、目を通しておくと、授業がぐっとわかりやすくなる。

「授業ノート」には、左ページに教科書の英文を書き写す。あとから書き込みができるよう行間は広くとろう。右ページには日本語訳を書く。単語はユニットごとにまとめてノートに書く（詳しくは30ページで説明）。ここまでを予習ですませておく。

授業では余白に先生の解説を書き込んでいく。問題集や参考書からも大事ポイントがあれば抜き出して追記し、自分だけの参考書を作ろう。

先生からのアドバイス

日本語訳は、意訳せず、忠実に訳そう。あとから日本語訳を見て英文に訳す練習をするときに困るからだ。

CHECK!

CHECK 1 ノートに必ず予習をしよう

CHECK 2 音声も必ず聴いておこう

CHECK 3 余白は多くとろう

TITLE

P. 〜

SUBTITLE

左側には英文、右側には日本語訳と統一する。

日本語訳は、意訳し過ぎると、あとで英文に直すときに苦労するので、原文に忠実に訳そう。

こんにちは、アレックス。

今日のイベントとても楽しんだわ。

私はちょうど家族と一緒にフェアトレードのチョコレートを食べてみたところよ。

美味しかったわ。

今日のビデオの子どもたちは、カカオがチョコレートになることを知らないの。

自分たちでチョコレートを食べたことが一度もないんだって。

私はそれを聞いて驚いたわ。

それらの子どもたちのために、私たちは何をすることができるのかしら。

私は、フェアトレードの商品を選ぶことが、彼らを応援するための

1つの方法だと思うの。

商品の背景にいる人々について学ぶことも、もう1つの方法よ。

今日はフェアトレードについて学べて嬉しかった。

もっと学びたいわ。

あなたのお友達、咲

tried Point!
試す→食べてみる
対象がチョコレートだから

good

カラーペンを使ってポイントがわかりやすくまとまっているよね。

CHECK!

3 あとで書き込めるよう余白は多めに！

授業中の説明を書きこめるよう余白は大きく。

	P. 40 〜 41	TITLE Unit 3-4 Read and Think ②
□□□	DATE . 6 . 10	SUBTITLE 不定詞（原因を表す副詞的用法）

授業ノートをしっかり取ることが、受験勉強の第１歩。

good

Hi, Alex.

I enjoyed the event today.

have＋過去分詞

I've just tried some fair trade chocolate with my family.

ちょうど　試したところ　を　と

CHECK! 1 その日習う英文や新出単語をノートに書いて予習！

It was great.

The children in today's video don't know that cacao is made into chocolate.

ということを

They have never eaten chocolate themselves.

何度も…ない

☆ I was surprised to hear that.

CHECK! 2 音声も確認しておこう

What can we do for those children?

動名詞

I think choosing fair trade products is one way to support them.

〜するための不定詞（形容詞的用法）

Learning about the people behind the products is another.

☆ I was glad to learn about fair trade today.

I want to ...

ADVICE

授業では、教科書の英文は完全にモノにしよう。暗唱はできなくても、右側を隠して、日本語訳から英語訳が言えるくらいを目指すといいよ。

細かな解説や訳などを、教科書に直接書き込まない。

☆ その状態、気持ちに至るまでの経緯を、to（不定詞）で表す。

(ex) I was happy to see that.

私は嬉しかった ← それを見て

POINT 10

授業ノートに単語の予習をする

ここがポイント

意味だけでなく品詞、発音記号も書こう

予習時に、新出単語はユニットごとにまとめてノートにすべて書き出そう。意味を調べるときに、発音記号、品詞も調べてノートに書いておく。なぜ発音記号を書くかというと、言えない（読めない）単語は聞き取れず、聞き取れない単語は書けないからだ。単語を勉強するときは必ず、音↓文字↓意味↓書く（つづり）をセットで覚えよう。

よくないのは、カタカナで読み方を書くこと。これをやると正確な発音が身につきにくい。

せっかく教科書にQRコード（音声教材）がついているのだから大いに利用しよう。聞いて見て発音して書いて覚えれば記憶に定着しやすい。

英語にしかない音をマスターするには発音記号を見て目で覚え、口の形や舌のポジションを確認して声に出して言おう！

CHECK!

CHECK 1　単語はユニットごとにまとめて書き出そう

CHECK 2　発音記号、品詞も書き出そう

CHECK 3　その都度聴いて、書いて覚えよう

CHECK! 1 単語はユニットごとにまとめて全部書き出す

good 単語、発音記号、品詞、意味がすべて書かれている。日々の積み重ねで語いを増やそう。

英語は読めないと覚えられない。発音記号は必ず書いておこう。

CHECK! 2 単語だけじゃなく発音記号、品詞も

予習時

P.22③	clock	[klak]	名	(置き[掛け])時計	□ tower 時計台
	tower	[táuər]	名	塔、タワー	
	beside	[besáid]	前		
	maybe	[méibiː]	副	もしかすると、おそらく	
	builder	[bildər]	名		
	ride	[raid]	動	…に乗る、乗っていく	
	meter(s)	[míːtər(z)]	名	メートル	
	tall	[tɔːl]	形	[高さを表す表現のあとに置いて]高さが…で	
	view	[vjuː]			

CHECK! 3 日本語を隠してきちんと書けるか確かめて！

予習のときに、面倒でも単語は辞書をひいて調べておこう。

授業後

tower	[táuər]	名	塔、タワー
beside	[besáid]	前	…のそばに
maybe	[méibiː]	副	もしかすると、おそらく
builder	[bildər]	名	建造者
ride	[raid]	動	…に乗る、乗っていく
	[míːtər(z)]	名	メートル
	[tɔːl]	形	[高さを表す表現のあとに置いて]高さが…で
	[vjuː]	名	ながめ、景色
	[…ap]		

間違いやすい発音にマーカーをつけたり、覚えにくい単語に★印をつけるなどして手を入れよう。

ADVICE

覚えにくい単語は英文もセットで覚えよう。辞書には良い例文もあるよ。辞書は最高の教科書だ！

POINT 11

文法はまとめノートに整理する

ここがポイント

授業ノートから大事なことを抜き出して書く

授業ノートには、授業中に先生が板書したり話したことをメモする。板書したことしか書かないというキミ、先生の説明も書いておこう。そうしないと、そのときはわかっても、あとで復習するときに忘れていて困ることになる。

授業ノートは、ていねいに書いていては授業についていけないので、走り書きになってしまうかもしれないが気にしなくていい。家に帰ってから、文法事項など、重要事項は、まとめノートに転記して整理する。そのときに、どこを転記すればいいかがわかればいいのだ。

先生からのアドバイス

授業ノートに何もかも書いていては大事なことがわからない。まとめノートをきちんと作っておくと、テスト直前にはそれだけを見ればいいので便利だ。

CHECK!

CHECK 1 授業ノートから文法事項だけ抜き書きしよう

CHECK 2 大事な文法事項はまとめノートに書き写そう

CHECK 3 何度も見て覚えよう

CHECK! 1 教科書の基本文（ターゲットセンテンス）は必ず書き出す。

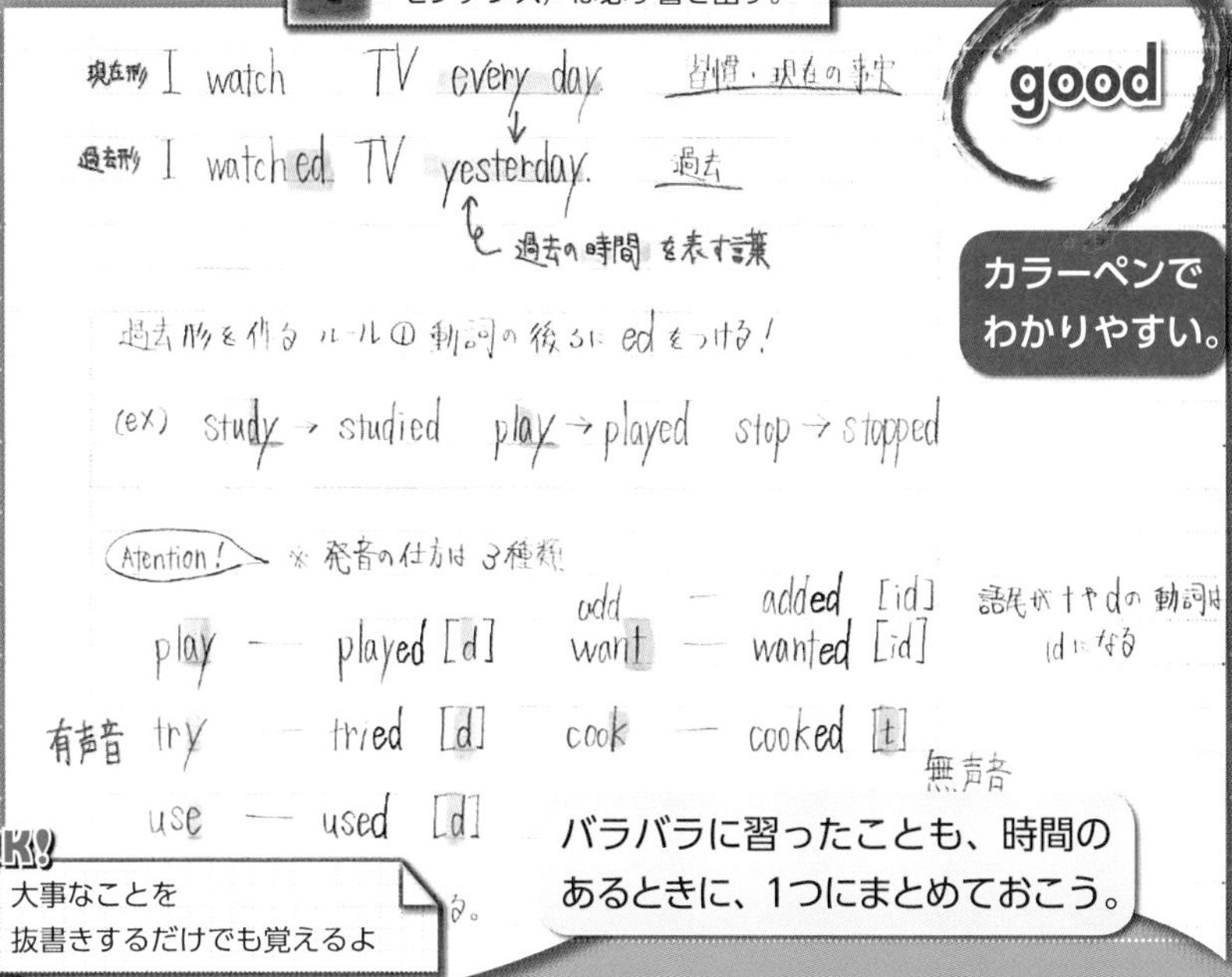

現在形 I watch TV every day. 習慣・現在の事実
過去形 I watched TV yesterday. 過去
過去の時間を表す語

過去形を作るルール① 動詞の後ろにedをつける！
(ex) study → studied play → played stop → stopped

Atention! ※発音の仕方は3種類
play — played [d]　want — wanted [id]　add — added [id]　語尾がtやdの動詞は idになる
有声音 try — tried [d]　cook — cooked [t] 無声音
use — used [d]

good カラーペンでわかりやすい。

CHECK! 2 大事なことを抜書きするだけでも覚えるよ

バラバラに習ったことも、時間のあるときに、1つにまとめておこう。

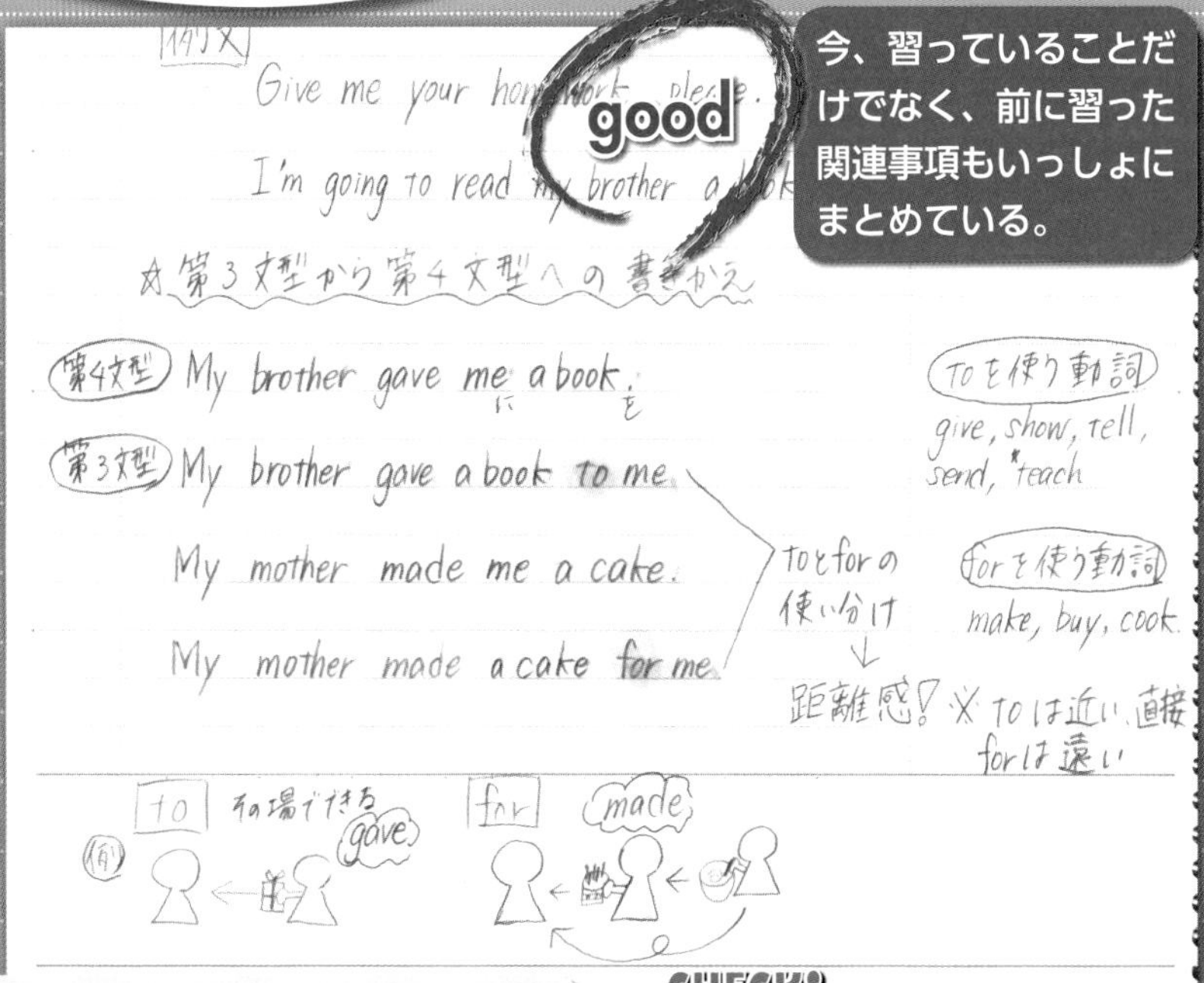

例文
Give me your homework, please.
I'm going to read my brother a book.

☆第3文型から第4文型への書きかえ
第4文型 My brother gave me a book.（に　を）
第3文型 My brother gave a book to me.
My mother made me a cake.
My mother made a cake for me.

toとforの使い分け
↓
距離感！※toは近い、直接　forは遠い

toを使う動詞 give, show, tell, send, teach
forを使う動詞 make, buy, cook

例　to その場でできる gave　for made

good 今、習っていることだけでなく、前に習った関連事項もいっしょにまとめている。

記憶があやしいなと思うことは、簡単なことでもまとめながら復習しておこう。

CHECK! 3 テストのときはこれ一冊見返すだけでいい

POINT 12

単語練習ノートを作ろう

ここがポイント　何回も書けばいいわけではない

単語は何度も聴いて読んで書いて覚えるしかない。

専用の「単語練習ノート」を作って、習った単語を書いて覚えよう。このノートは最高の復習&定着ツールとなる。ぜひ有効活用しよう。練習した跡がノートという形に残って励みにもなる。

単語を書くときは、一度に10回も20回も書くと、苦労するわりに頭に残らない。5コ覚えては自分で小テストをする、というやり方のほうが記憶に残る。

1週間に1回、20個覚えるより、1日目に5個、2日目に前日覚えた5個＋新規5個というように覚えたほうが、負担を感じない。時には前の単元にもどって音声を聴いて書くとより記憶が定着する。

先生からのアドバイス

授業中の単語テストで間違えたら、家に帰ってからではなく、その場ですぐ直して3～5回練習しよう。間違った直後の方が覚えやすいからだ。

CHECK!

- CHECK 1　単語練習用のノートを作ろう
- CHECK 2　毎日少しずつ覚えよう
- CHECK 3　時には前の単元にもどって復習を

必ず読めるようにしてから書こう

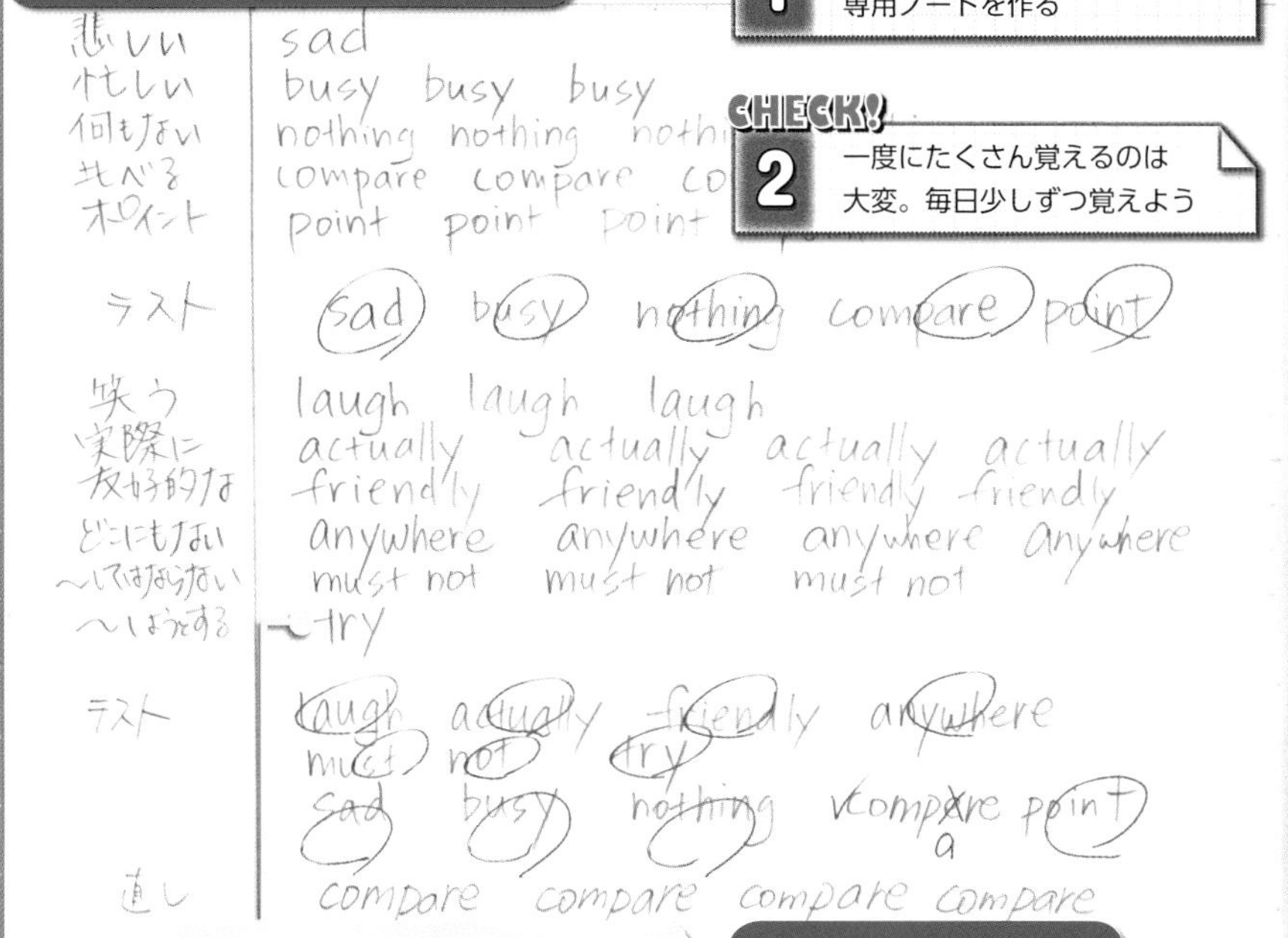

10回も20回も書かなくていい。わかる単語は1回でOK。

5単語練習したら上の単語を隠してテスト

CHECK! 1 単語練習のために専用ノートを作る

CHECK! 2 一度にたくさん覚えるのは大変。毎日少しずつ覚えよう

ADVICE

単語練習は、毎日10分とか20分、短時間で集中してやろう。

前の単語をもう1度、1から書いてみて絶対間違えないと思ったら、リストからはずしてOK！

単語をイラストで表すとより理解が深まり覚えやすくなる。

CHECK! 3 前に習った単語も時々振り返ろう

POINT 13

解き直しノートは間違った理由も書く

ここがポイント

弱点を知り二度と間違えないようにしよう

定期テストや模擬テスト、過去問の「解き直しノート」を作って、テストで間違えた問題だけ抜き出して解き直そう。穴埋め問題や選択問題は、答えの記号だけ書いても意味がない。問題文も書き写そう。

間違った問題を解き直すだけでなく、例えば「時制の一致を忘れた」「動詞の活用を忘れた」など、間違った理由も書こう。これを続けると、自分の弱点がわかるし、同じ間違いを繰り返さなくなる。

テスト前には、間違った理由だけでもざっと見ておくといいだろう。正解は赤ペンで、間違った理由は青ペンで書くというように、色分けのルールを決めておくとわかりやすい。

文法は覚えさえすれば確実に点が取れる。しっかり復習して、ミスをしないようにしよう。

CHECK!

CHECK 1 解き直しには間違った理由も書こう

CHECK 2 カラーペンを上手に使おう

CHECK 3 二度と同じミスをしないと誓おう

TITLE 吉原第一中 10月テスト

P. ～

SUBTITLE

DATE 11.18.水

5 (1) 静岡県はお茶で有名です。
Shizuoka Prefecture is famous for tea.

CHECK! 1 間違った理由も書こう

(2) この箱を見て！
Look at this box!

(3) わたしは自分のラケット※でテニスをします。
I play tennis with my racket.

※「～を使って」の場合もuseではなくwithを使う。

(4) 小野先生は毎週末に「どうぶつの森」をやります。
Mr. Ono plays "Animal Crossing" on weekends.

(5) その映画は6時に始まります。
The movie starts at six.

in	年，月
on	曜日・日
at	時間

肯 I ①do my homework.
否 I ②don't ①do my homework.

※ 2種類あるdo
① 動詞
② 助動詞
動詞を助ける否定文や疑問文の時に出てくる。

図解でまとめるとわかりやすいね。 good

6 (3) もちろん … Of course

(4) 早く元気になってね。… Get well soon.

8 (4) Who teaches English?
英語を教えるのは誰ですか。
※ Ms. Ito ※does.
一般動詞のdoes

※Ms. Ito teaches English. でも良いが、英語は同じことを何度も言うのが嫌いなので，does(する)を使う。

CHECK! 2 大事なところはカラーペンを使って

① 2種類のdoの意味は何か。
② 年や月を表したい時，それの前に何をつけるか。

① ブラジル ② 時間，季節 ③ 秋

CHECK! 3 特に大事なことをまとめておき、二度と間違えないと誓おう

POINT 14

英作文は会話文に注目せよ

ここがポイント

授業では飛ばしがちな会話文を活用しよう

英作文を授業時間内で指導してくれる学校はなかなかない。だから自力でがんばるしかないのだが、教材としておすすめなのは、教科書のユニットとユニットの間などに載っている、会話パートだ。授業では飛ばされることが多いが、定期テストや模試などでも会話パートから出題されることがよくある。

ノートに会話文を書き出して、基本文をしっかり覚えよう。基本文を覚えたら、単語を入れ替えて、自分で作文をしてみよう。書くだけでなく音読もして、目と耳と口で覚えて自分のものにしよう。もし機会があればぜひ覚えたフレーズを使ってほしい。英語は使ってこそ本当の力になる。

会話文を覚えておくとテストだけでなく、実際に会話するときにも役立つ。たくさん会話文の引き出しをふやしておこう。

CHECK!

CHECK 1 会話文パートをノートに書こう

CHECK 2 単語を入れ替えて作文練習をしよう

CHECK 3 書くだけでなく音読もセットで！

good

CHECK! 1 会話文は英作文テストにもよく出題される

CHECK! 3 書いて覚えたら、口に出して言ってみよう

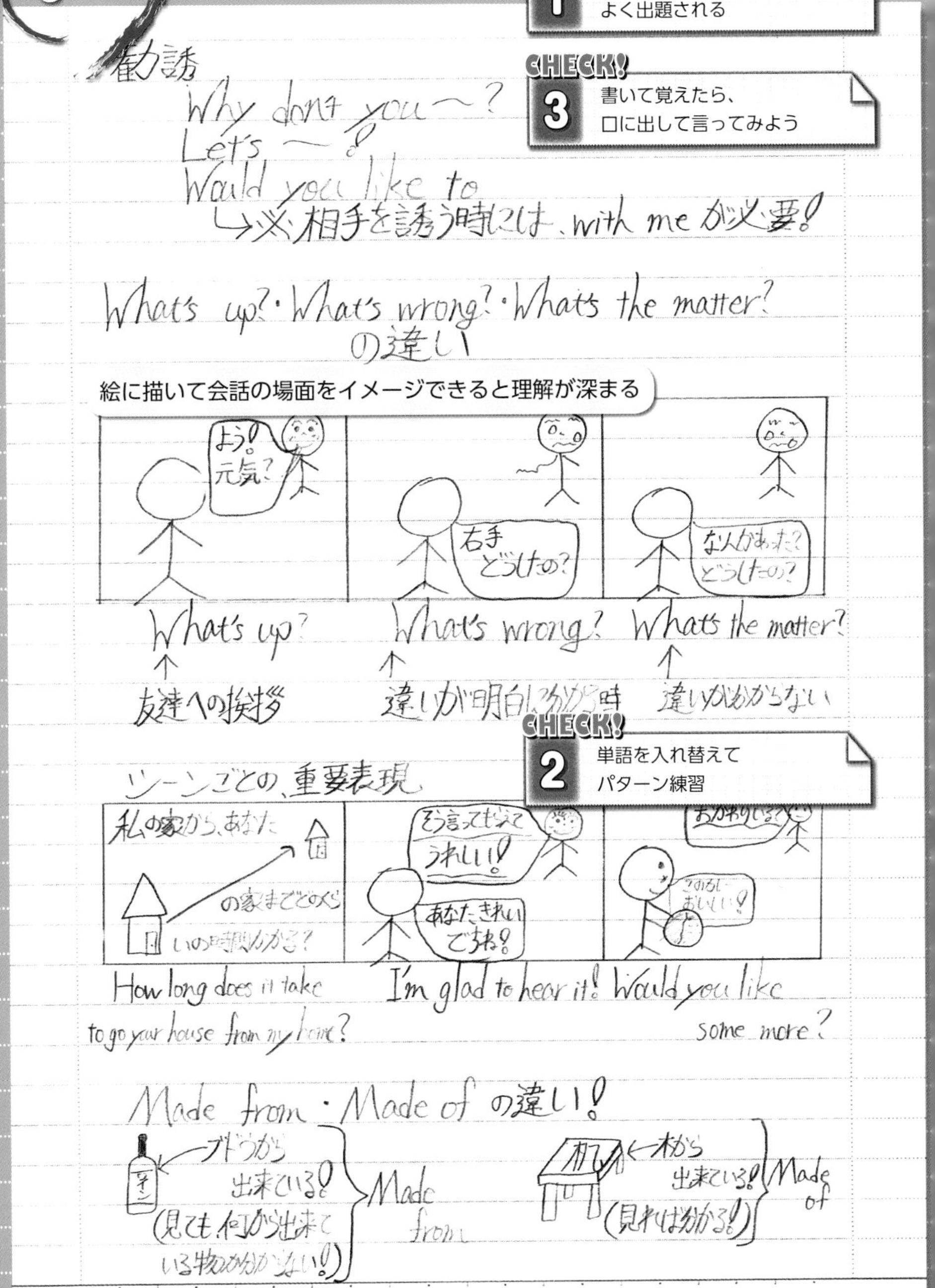
勧誘
Why don't you ～?
Let's ～!
Would you like to
↳※相手を誘う時には、with me が必要!

What's up?・What's wrong?・What's the matter?
の違い

絵に描いて会話の場面をイメージできると理解が深まる

CHECK! 2 単語を入れ替えてパターン練習

POINT 15

長文はしるしをつけながら読む

ここがポイント

長い文も段落を区切れば理解しやすい

長文読解が苦手な人はまず、英文に慣れよう。最初は短い文から。パラグラフ（段落）も少ないものを読み、だんだん長いものに挑戦していこう。

長文を読み取るコツは、まず段落を囲みながら全体把握をすること。英語の長文は、序論↓本論↓結論と流れ、最初の段落（序論）に主題が書かれている。ここをしっかり読み解いてまずは大意をつかむことがポイントだ。読むときには、①段落ごと線で囲む、②文節の切れ目に／を入れる、③主語など、キーポイントを〈　〉で囲む、④主語と動詞を確認しながら読む、⑤関係代名詞を含む関係節を（　）でくくる。これでぐっと理解しやすくなる。

最初から全文を読むのではなく、１段落目をしっかり読んで全体像をつかんでから他の段落を読むほうが格段に理解しやすい。

CHECK!

CHECK 1　段落を分けて大意をつかもう

CHECK 2　主語と動詞を意識しよう

CHECK 3　関係代名詞を含む関係詞節は（　）でくくろう。

CHECK! 1 まず段落ごとに囲むと意味がわかりやすくなる

文の切れ目に／を入れよう。長い文章もこれでわかりやすくなる。

CHECK! 2 主語は何か意識すると文の意味がつかみやすい

8 次の英文を読んで，あとの各問いに答えなさい。

Would you like to have a car? In many Japanese cities, having a car is not so important because the trains and buses are very *convenient. The roads are also very *busy, ① so it *may be (   ) to take a train if you want to go *somewhere quickly. But many people still enjoy driving. They love to have a car, and they take good care of it. Some people also like to buy many old

主語を＜ ＞でくくろう。名詞や代名詞だけが主語になるとは限らない。不定詞、動名詞、名詞句なども主語になる。何が主語かがわかれば、ぐっと意味がつかみやすくなる。

Cars in the future will be very differ
cha me cars now have *electric
Many cars ha a *navigation system th
good me f them can even tell the
*close.

This is just the beginning. Car companies are thinking about what driving will be

長文にしるしをつけながら読むことで意味をつかみやすくしている。

they are planning even bigger changes. They say that more and
n cities around the world 20 years from now. This means there
e roads. Even now there are already many problems, and they
will become *worse. For d car *accidents.
Also, more *parking spa nger and *waste
more time and energy.

関係代名詞は、より詳しく説明するのが役割。大意をつかめばいいので、あまり神経質にならなくていい。

Car companies have Some companies are thinking of cars that do not need drivers. They will drive *by themselves and use computers that *communicate with other cars. They will know where other cars are and which roads are busy, so there will be *fewer accidents and traffic jams. The car *designers say: "When birds fly together, they do not stop when birds join or leave the group." The designers think that roads in the future may not even need *traffic lights, ③ because *computer-controlled cars will move together like (   ), and they won't need to stop at *intersections. These cars will be *safer and more convenient. They can help people to go somewhere faster, find parking spaces easily and *save energy.

CHECK! 3 どこからどこまでが関係詞節か見つけよう

関係代名詞は、長文をわかりにくくするものの筆頭だろう。どこからどこまでが先行詞にかかっているのか、関係詞節をみつけて（ ）でくくるとわかりやすい。

協力／教育開発出版株式会社

Column

英語は無限の可能性を広げてくれる

英語は、できないよりできたほうが絶対楽しい！

世界中の約４分の１の人たちが英語を使えるそうです。しかし、そのうちのネイティブはなんと 20%。残り 80%の人たちは、英語を勉強して身につけているんですね！　だから私たち日本人も、がんばってぜひ英語を身につけ、世界の約４分の１の人たちの仲間入りをしたいものです。

世界の共通語といわれている英語。インターネット上の情報も圧倒的に英語が多いです。外国の人とコミュニケーションをとるときにはもちろん、情報を調べたいときにも英語が使えるほうが断然有利です。みなさんが将来就職をするときにも、英語が話せたら、活躍のフィールドは無限に広がります。一生日本で暮らすから英語は必要ない、と思っていても、オンラインで簡単に海外の人とつながれますし、外国から多くの人が日本に学びにきたり働きにきたりしているので、嫌でも英語を使う機会は増えていきます。英語はできるに越したことはありません。

使えば使うほど必ず上手になる！

英語は学問ではなく、単なる言葉。ピアノや水泳などと同じように、練習すればするほど上手になります。だから、「できる・できない」ではなく、「やるか・やらないか」。

やれば必ず上達します。勉強だからと構えず、今日覚えたフレーズを口に出して言ってみるとか、英語で簡単な日記を書いてみるとか、気軽にどんどん使ってみましょう。その繰り返しが、いつか必ず実を結びますよ。

教科別合格ノートの作り方 数学編

数学は、ひたすら手を動かして問題を解くことでしか力はつかない。数学が苦手という人は、単に問題に慣れていないだけかもしれない。演習専用のノートを作って面倒がらずにしっかり問題演習に取り組もう。計算ミスが多い人は、テストの提出前に必ず見直しをしよう。それだけでも目に見えて点数はあがるはずだ。公式は、丸暗記するのではなく、なぜそうなるかを理解したうえで覚えること。そうすると公式を忘れてしまっても自力で答えを導くことができる。

POINT 16

数学の勉強法

ここがポイント

コツコツ演習を積み重ねること

数学の点数を伸ばそうと思ったら、とにかくたくさんの演習をこなすことだ。授業で先生の話を聞いたり公式を覚えてわかった気になっていても、実際に問題が解けなければわかったことにはならない。

演習問題を解き、解いたら必ず答え合わせをしよう。ただ○×をつけるだけではなく、間違えた問題はもう一度解き直すこと。まず解説をひととおり見て、解き方を頭に入れてから、自分で解いてみる。そうすると、次に似た問題が出たときも、あの解き方を使えばいい、とわかるようになる。この作業をコツコツと繰り返すことで、数学が得意になっていくのだ。

数学は、手を動かして、コツコツと実際に問題を解くことで人と差をつけよう！

CHECK!

- CHECK 1 頭で理解するだけではなく、手を動かして覚えよう
- CHECK 2 繰り返し演習をしよう
- CHECK 3 間違えたら理由を分析しよう

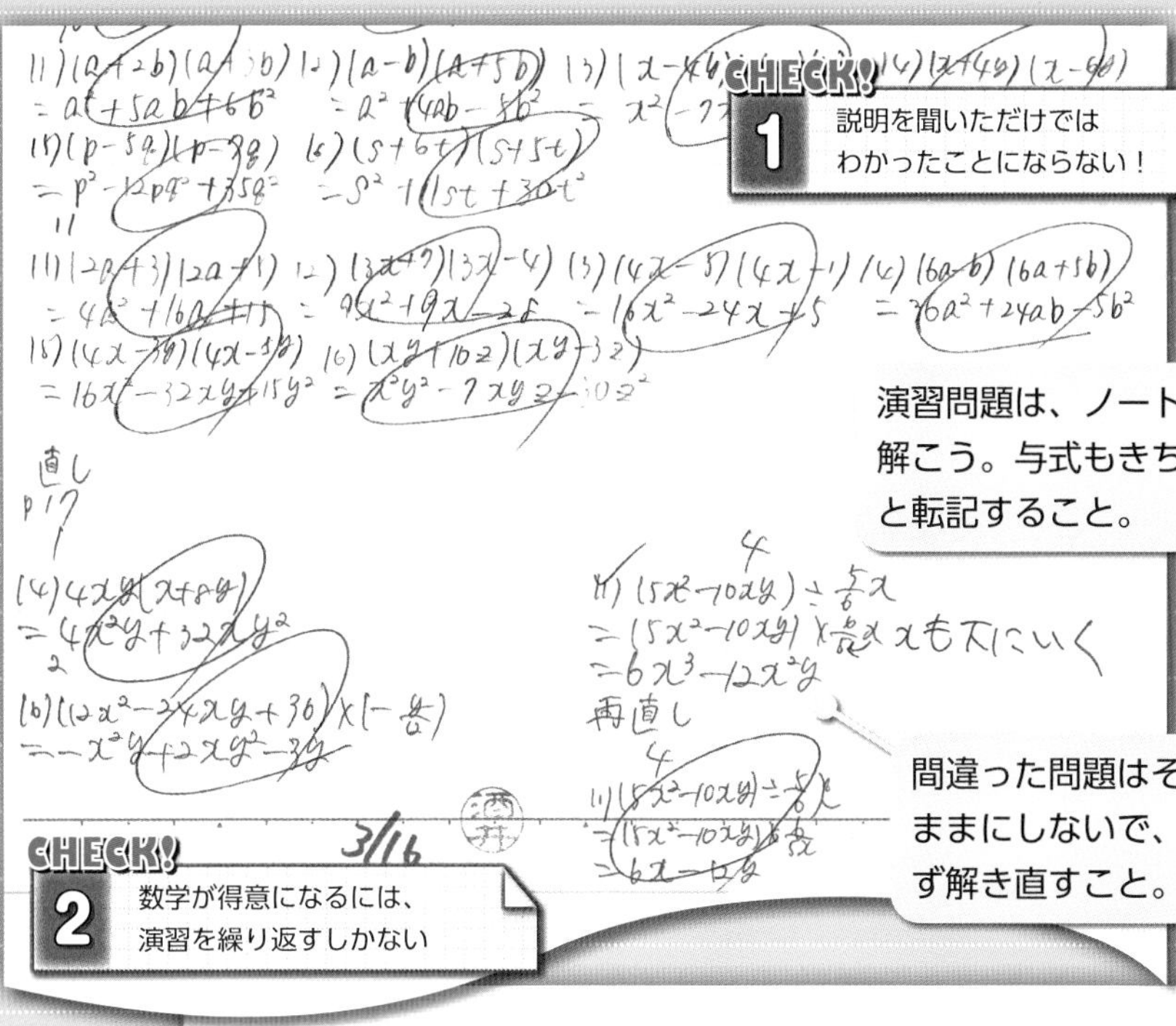

CHECK! 1
説明を聞いただけでは
わかったことにならない！

演習問題は、ノートに解こう。与式もきちんと転記すること。

間違った問題はそのままにしないで、必ず解き直すこと。

CHECK! 2
数学が得意になるには、
演習を繰り返すしかない

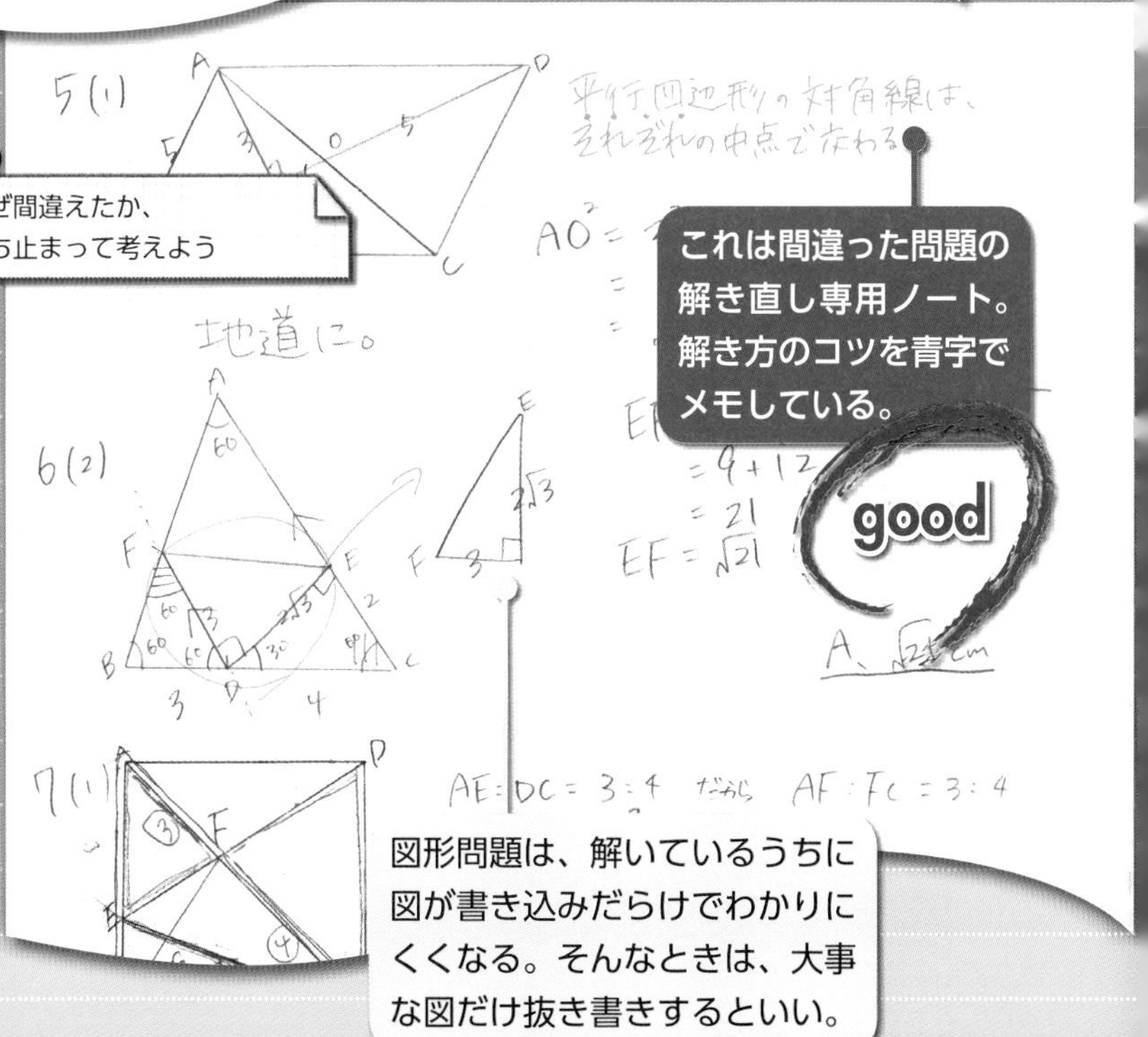

CHECK! 3
なぜ間違えたか、
立ち止まって考えよう

これは間違った問題の解き直し専用ノート。解き方のコツを青字でメモしている。

good

図形問題は、解いているうちに図が書き込みだらけでわかりにくくなる。そんなときは、大事な図だけ抜き書きするといい。

POINT 17

計算力はすべての基本

ここがポイント

スキマ時間にコツコツ練習しよう

数学では大きくわけて、計算問題、数量問題、関数、平面図形、空間図形、確率の問題が出題される。計算問題はすべての基礎となるので、しっかり身につけておこう。途中式で計算を間違ったばかりに、正解が導けなかったり、計算のスピードが遅いために、試験で時間切れになったりしないよう、日々訓練をしておこう。朝10分とか20分とか、時間を決めて集中的にやろう。短時間でも毎日続けることが大事だ。式を見ていきなり解き始めるのではなく、工夫をして簡単にならないか考えることを習慣にしよう。計算のスピードがあがると、難問にも余裕をもって取り組めるようになる。

たとえば、26×3.14＋14×3.14という計算なら、(26＋14)×3.14にすれば暗算でも解ける。工夫してなるべく計算を省力化しよう。

CHECK!

CHECK 1 毎日短時間でも計算練習をしよう

CHECK 2 時間を測って練習しよう

CHECK 3 簡単に計算できるよう工夫しよう

POINT 18

作業の意味を考える

ここがポイント

漫然と数をこなしても力はつかない

数学は演習型の科目だが、ただ漫然と量をこなすだけでは絶対に数学ができるようにはならない。一つひとつの作業の意味を考えながらやることだ。

たとえば、「ワークの中の計算問題をノートに転記して解きなさい」と言われたときに、伸びる子は、式をノートに転記する段階で、どう解くか、工夫をして式を簡単にできないか、と考えている。「解いてやるぞ！」というオーラすら感じるのだ。そして、転記し終わったときにはもう答を書きはじめている。なかなか伸びない子は、ただ機械的に式を転記して、転記し終わってからようやく考えはじめる。時間的にも遅れをとってしまうのだ。

先生からのアドバイス

もっと簡単にできないか、前に習ったあの公式は使えないか、と考えながら解くことで、力がついていくよ。

CHECK!

CHECK 1 意味を考えながら解こう

CHECK 2 常に解き方を工夫できないか考えよう

CHECK 3 解いてやるぞ！という気持ちで挑もう

POINT 19

図の意味を考えながら描く

ここがポイント

図をきれいに描くことが目的ではない

図形の問題では、ノートに図を描くことが多いが、このときも伸びる子と伸びない子には共通点がある。伸びる子は、図の意味を考えながら描いている。この線は円の中心を通っている、この線とこの線は平行だ、この角度は直角だ、ということをちゃんと意識して描いている。意味を理解しながら描くと、描きながら解き方のヒントがひらめいたり、式を書かなくても図から答が導かれる場合もある。

なかなか伸びない子は、図をきれいに写し取ることばかり意識して、図の意味を考えていないことが多い。こういう勉強をしていては、いくら演習問題をたくさんこなしても、なかなか力はつかない。

図の意味さえつかめれば、定規できれいに描く必要はない。むしろ伸びる子ほど定規は使わないものだ。

CHECK!

CHECK 1 意味を理解して図を描こう

CHECK 2 図を描きながら解き方を考えよう

CHECK 3 図はきれいに描かなくてもいい

good

フリーハンドで、一見雑なようだが、図の意味や問題の意図を理解して図を書いている。

CHECK! 1
図をきれいに描き写すのではなく図の意味を読み取ろう

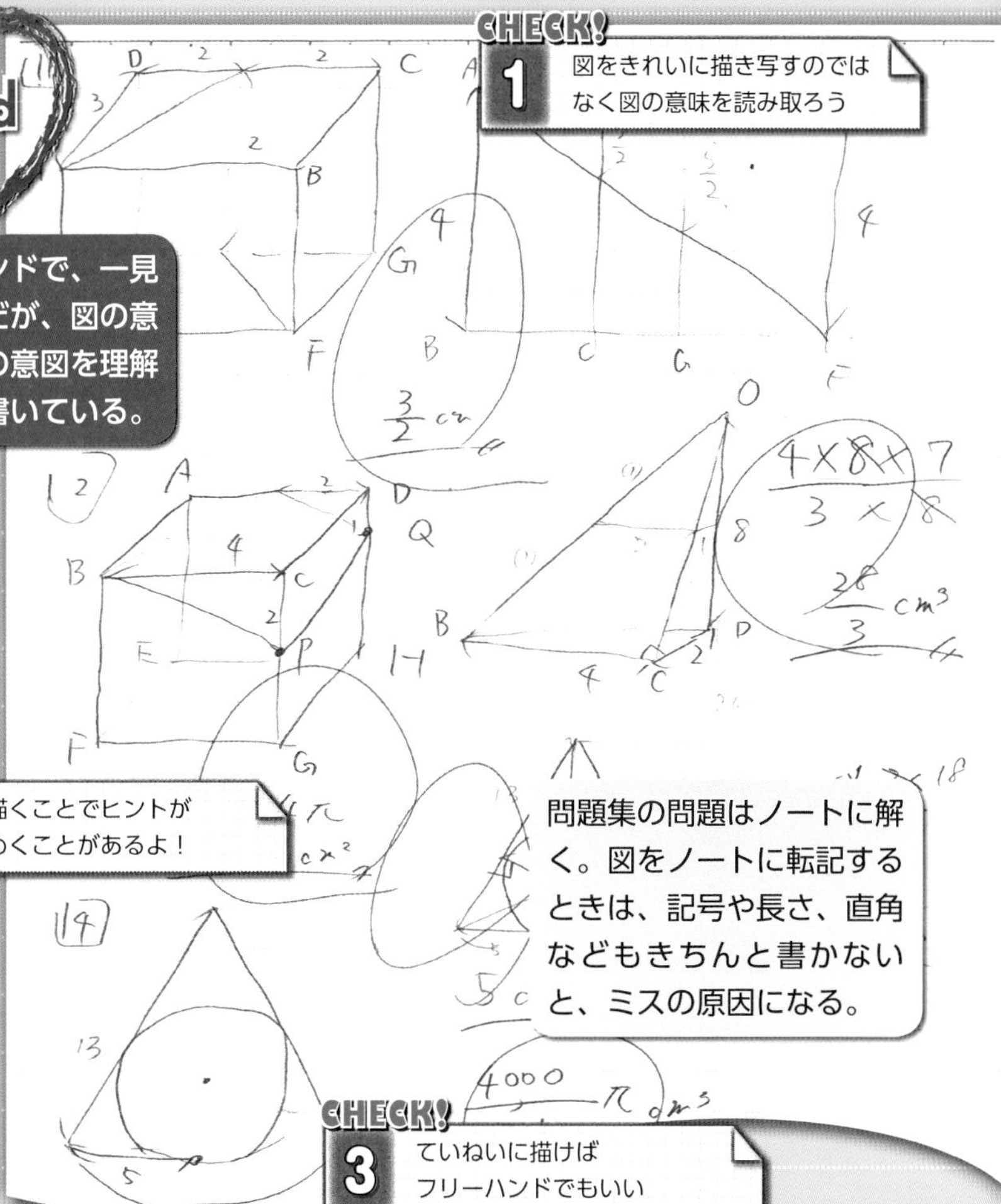

CHECK! 2
図を描くことでヒントがひらめくことがあるよ！

問題集の問題はノートに解く。図をノートに転記するときは、記号や長さ、直角などもきちんと書かないと、ミスの原因になる。

CHECK! 3
ていねいに描けばフリーハンドでもいい

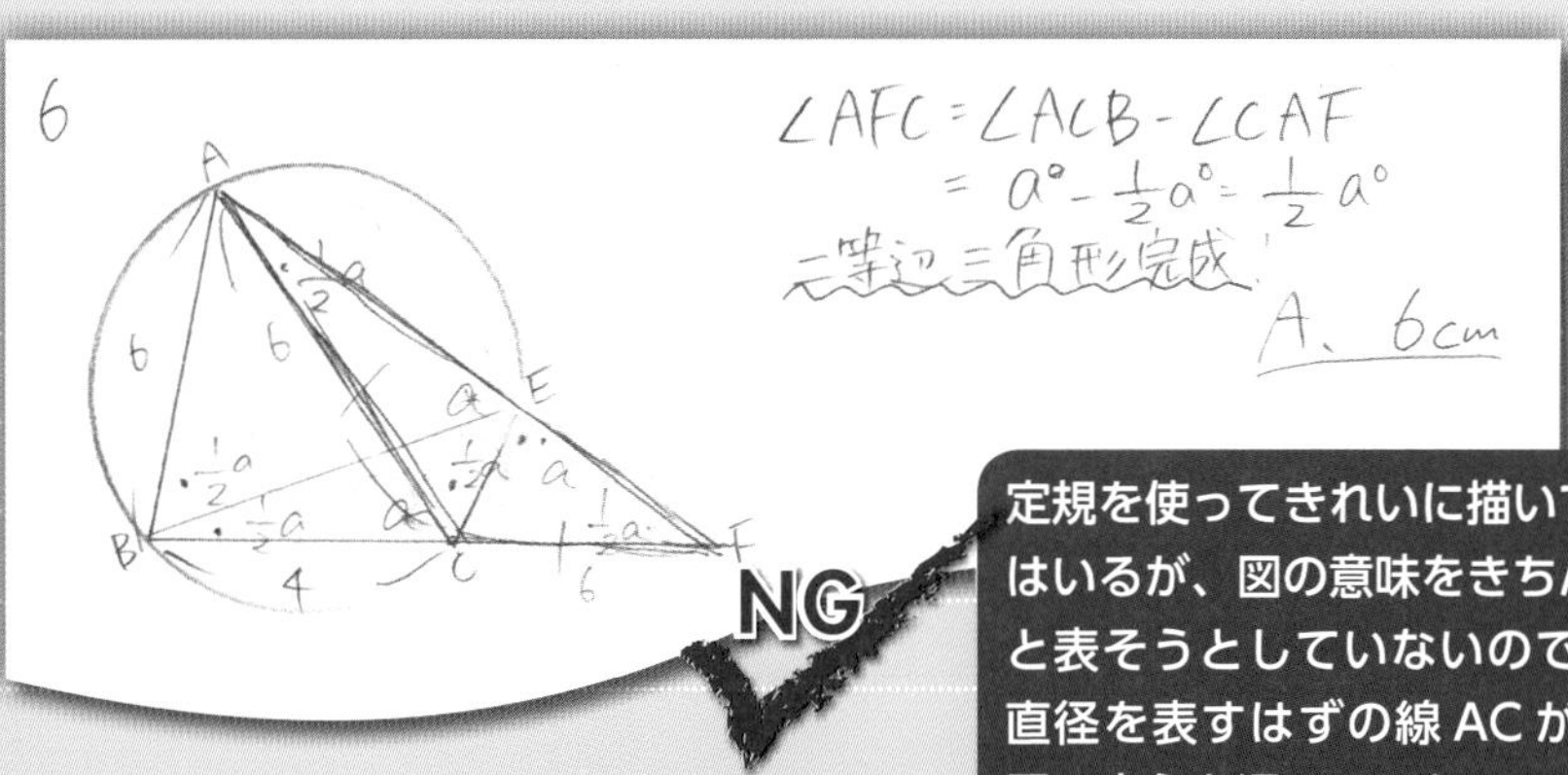

NG

定規を使ってきれいに描いてはいるが、図の意味をきちんと表そうとしていないので、直径を表すはずの線ACが、円の中心を通っていない。

POINT 20

ここがポイント

図はきれいに描かなくていい

意味を理解していることが大事

POINT19でも述べたが、数学で定規を使う必要はない。試験のときは時間が勝負なので、いちいち定規で図を描くヒマはないだろう。普段の勉強のときも、その状態に慣れたほうがいい。

ただし、汚いなりにポイントを押さえていることは必要だ。定規を使う必要はないが、正三角形は正三角形らしく、立方体は立方体らしく描かれていなければ、問題の意図がわからなくなる。

複雑な計算問題のときに、余白に補助的な計算をすることもあるはずだが、途中式なのか、補助的な計算なのかがわからないような書き方も間違いのもとなので、きちんと区別して書こう。

先生からのアドバイス

図を描くときは、記号、長さ、比など、わかっている情報をもれなく書こう。こうすることで、ミスを防止し、解き方に気づくチャンスになる。

CHECK!

CHECK 1 定規は使わなくていい

CHECK 2 図は問題の意図がわかるように描こう

CHECK 3 補助的な計算やメモは区別して書こう

与えられた記号や条件は
もれなく転記しよう。

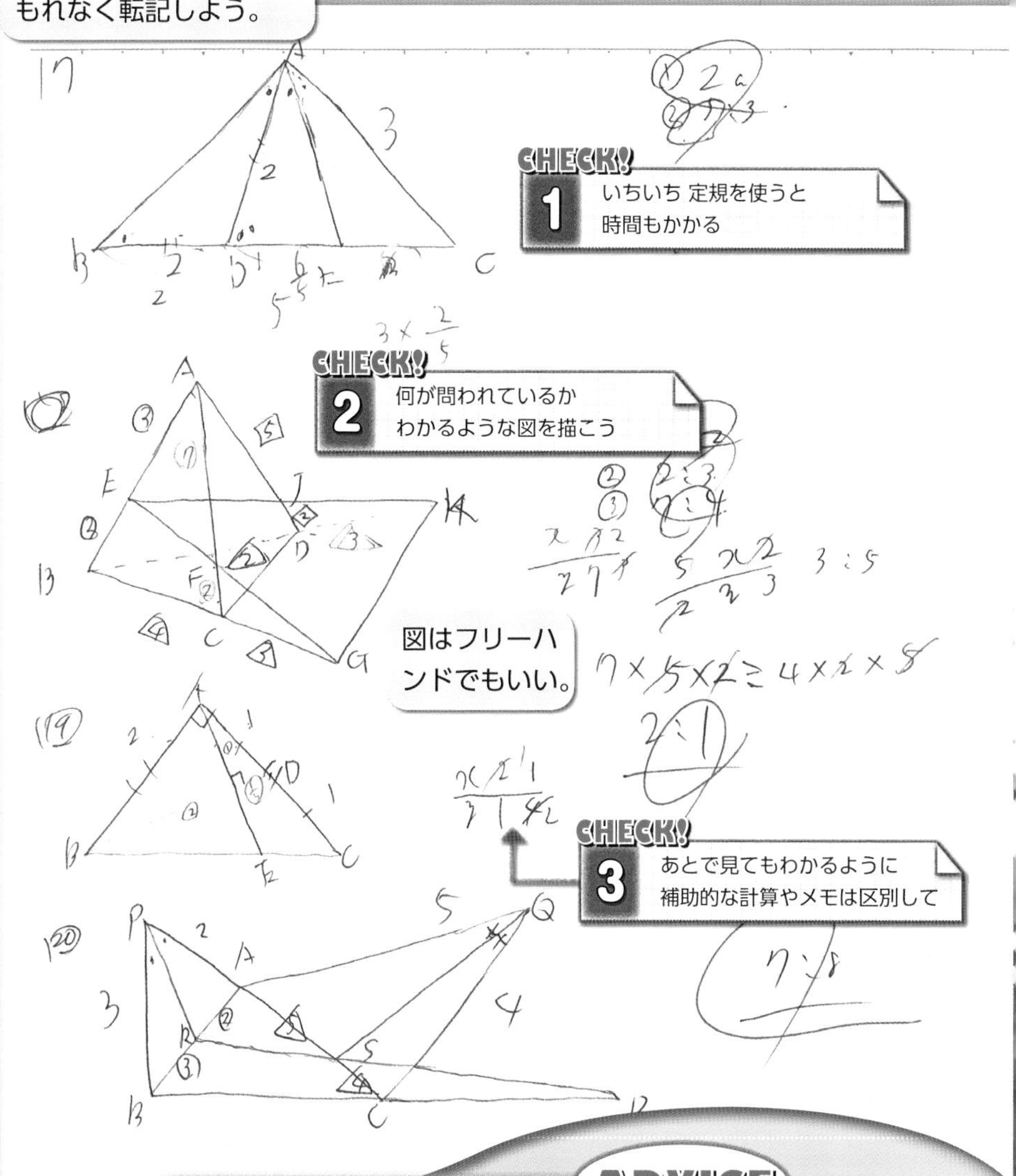

CHECK! 1
いちいち 定規を使うと
時間もかかる

CHECK! 2
何が問われているか
わかるような図を描こう

図はフリーハンドでもいい。

CHECK! 3
あとで見てもわかるように
補助的な計算やメモは区別して

ADVICE

演習は問題集に直接解かず、ノートに転記してから解こう。このとき、図も面倒がらずにきちんと描こう。きれいに描くという意味ではなく、ちゃんと図の意味を理解して描くということだよ。立体なら、立体を頭にイメージしながら描く気持ちで。

POINT 21

消しゴムは使わない

ここがポイント

間違った跡も勉強のヒントになる

演習問題を解くときに長々と途中式を書いていて、途中で間違いに気づいたとき、これまでの途中式を全部消しゴムで消してしまう人はいないだろうか。今日から数学で消しゴムを使うのはやめよう。間違ったと気付いた時点で大きく×を書いて、次のスペースにまた計算を始めればいい。

　その方が時間の節約になるということもあるが、間違いを残しておくことで、自分が間違いやすい傾向を知ることができるからだ。

　あとで直すことを考えて、余白をたっぷりとっておくといいだろう。

先生からのアドバイス

ノートは余白をたくさんとってゆったり使おう。そのほうが見やすいし、間違い直しのときにも余白があったほうが便利だ。

CHECK!

CHECK 1　間違いは消しゴムで消さなくていい

CHECK 2　間違いは×で消して別のスペースに解き直そう

CHECK 3　間違いの跡から自分の弱点を知ろう

CHECK! 1
消しゴムを使わないことで
時間の節約にも

間違いは消しゴムで消さずに残しておくと、自分がどういうときに間違うか、クセがわかる。

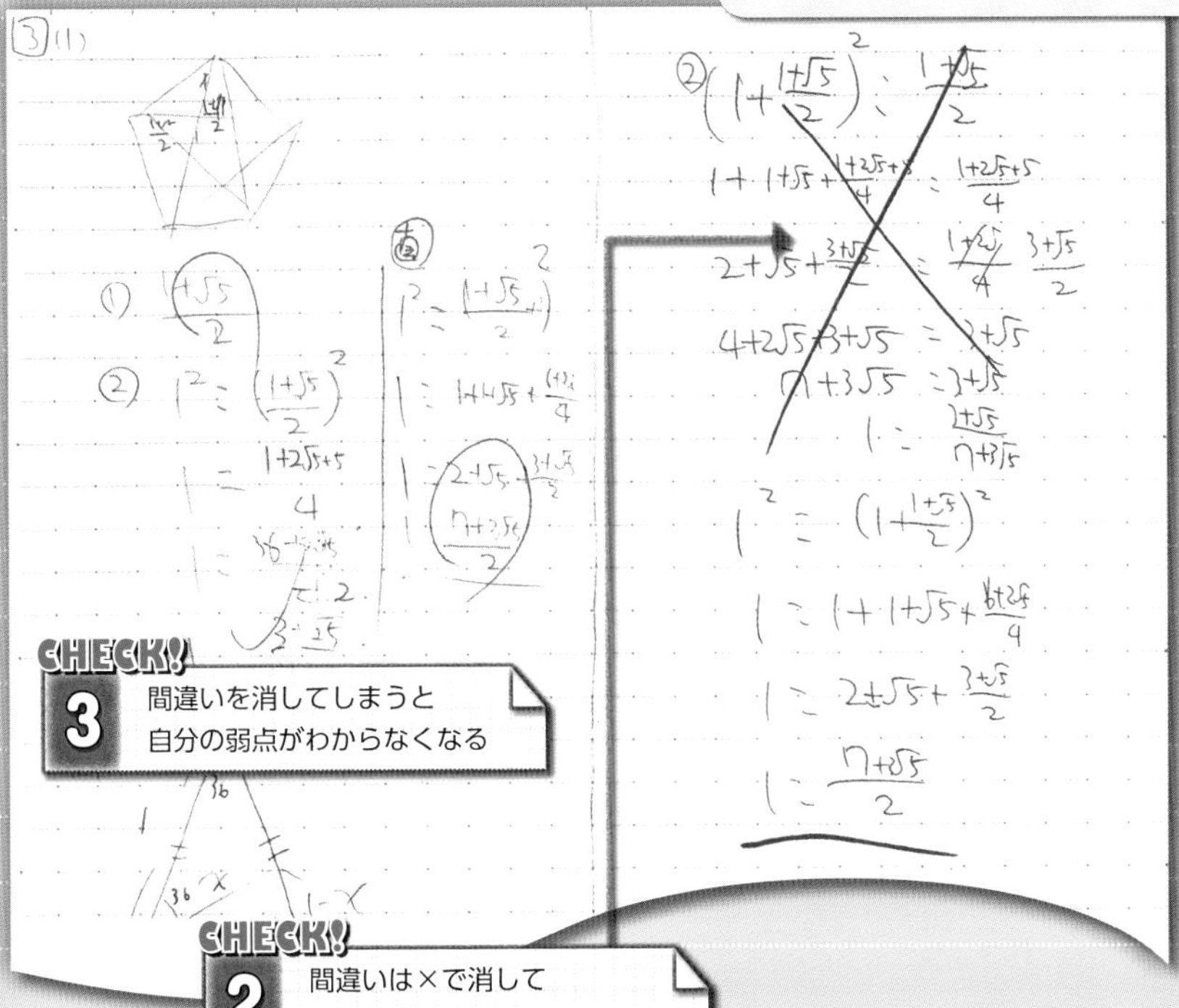

CHECK! 3
間違いを消してしまうと
自分の弱点がわからなくなる

CHECK! 2
間違いは×で消して
余白に解き直す

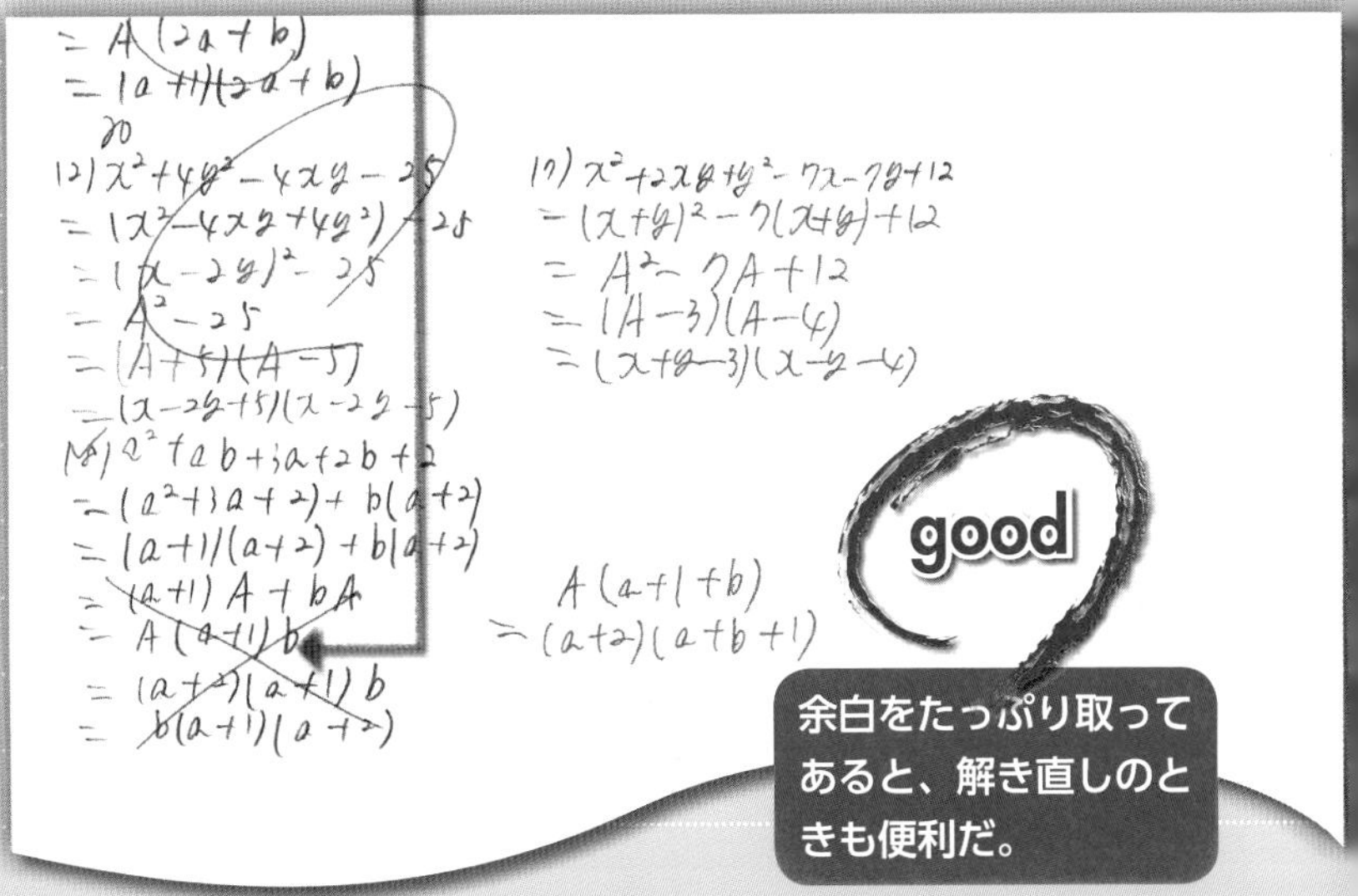

good

余白をたっぷり取ってあると、解き直しのときも便利だ。

POINT 22

関数は必ず図式化して解く

ここがポイント

すぐに公式に頼らないようにしよう

関数は、入試の頻出問題の一つだ。大問の(1)は代入するだけで簡単に解ける場合が多いが、(2)、(3)と進むにつれ、複雑になり難しく感じる人も多いだろう。そんなときは、面倒でもグラフを書くことを習慣にしよう。図に描くことで、解き方の見通しが立つ。とくに、変域を求める問題は、グラフを書くと一目瞭然だ。グラフを書いて考えることが習慣になっている人は、数式を見ただけでグラフが頭に浮かぶようになる。そうなると、複雑な応用問題も怖くない。日ごろから何でもかんでも方程式で解こうとする人は、いつまでたっても関数ができるようにならない。

複雑な問題でも、図に描いて考えると何から求めればいいか手順が整理され、解き方の見通しが立ってくる。

CHECK!

CHECK 1　関数を解くときは方程式に頼りすぎないようにしよう

CHECK 2　関数はグラフを書いて考えよう

CHECK 3　グラフから答えの見当をつけよう

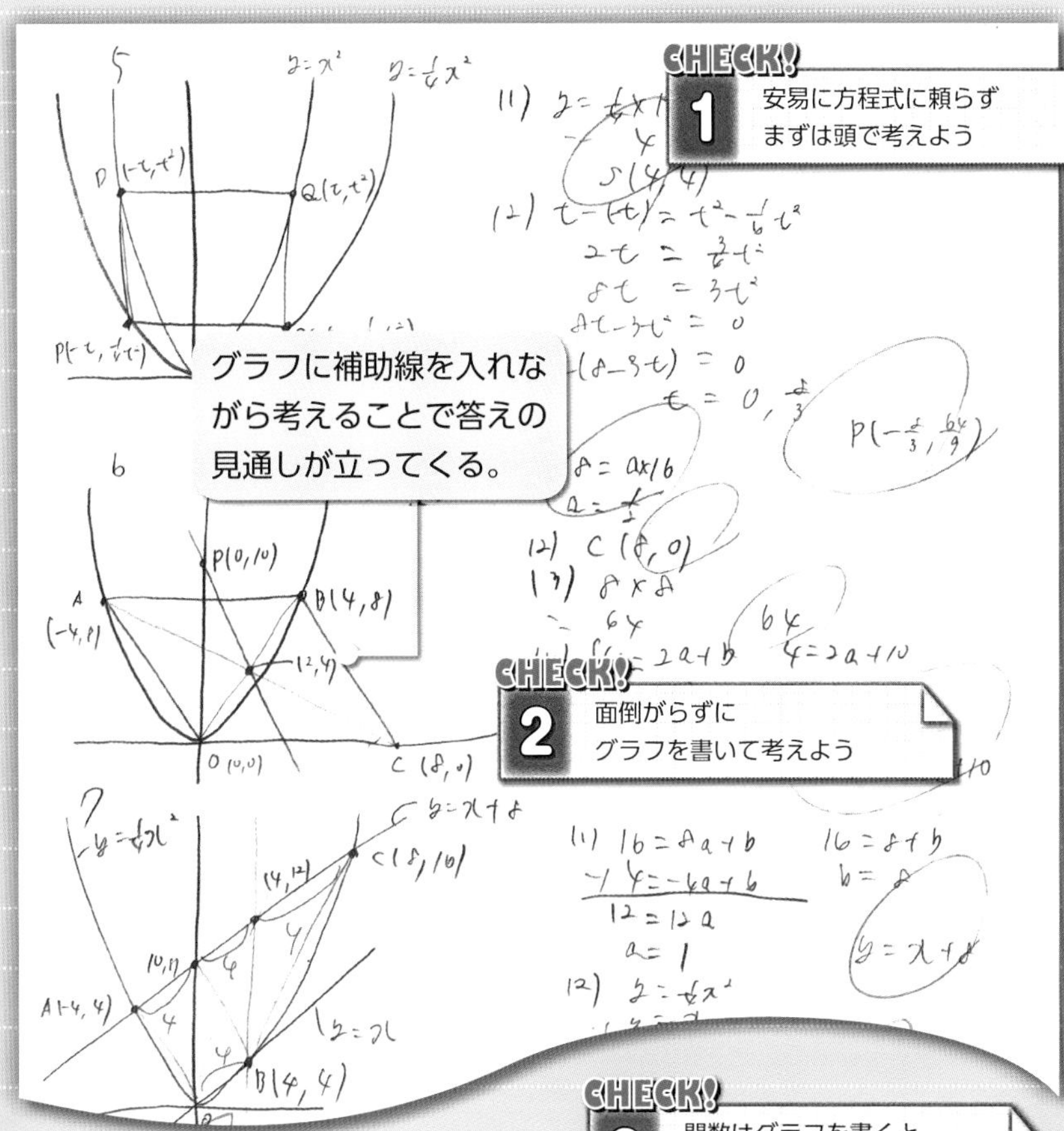

CHECK! 1
安易に方程式に頼らず
まずは頭で考えよう

グラフに補助線を入れながら考えることで答えの見通しが立ってくる。

CHECK! 2
面倒がらずに
グラフを書いて考えよう

CHECK! 3
関数はグラフを書くと
あっさり解けることがある

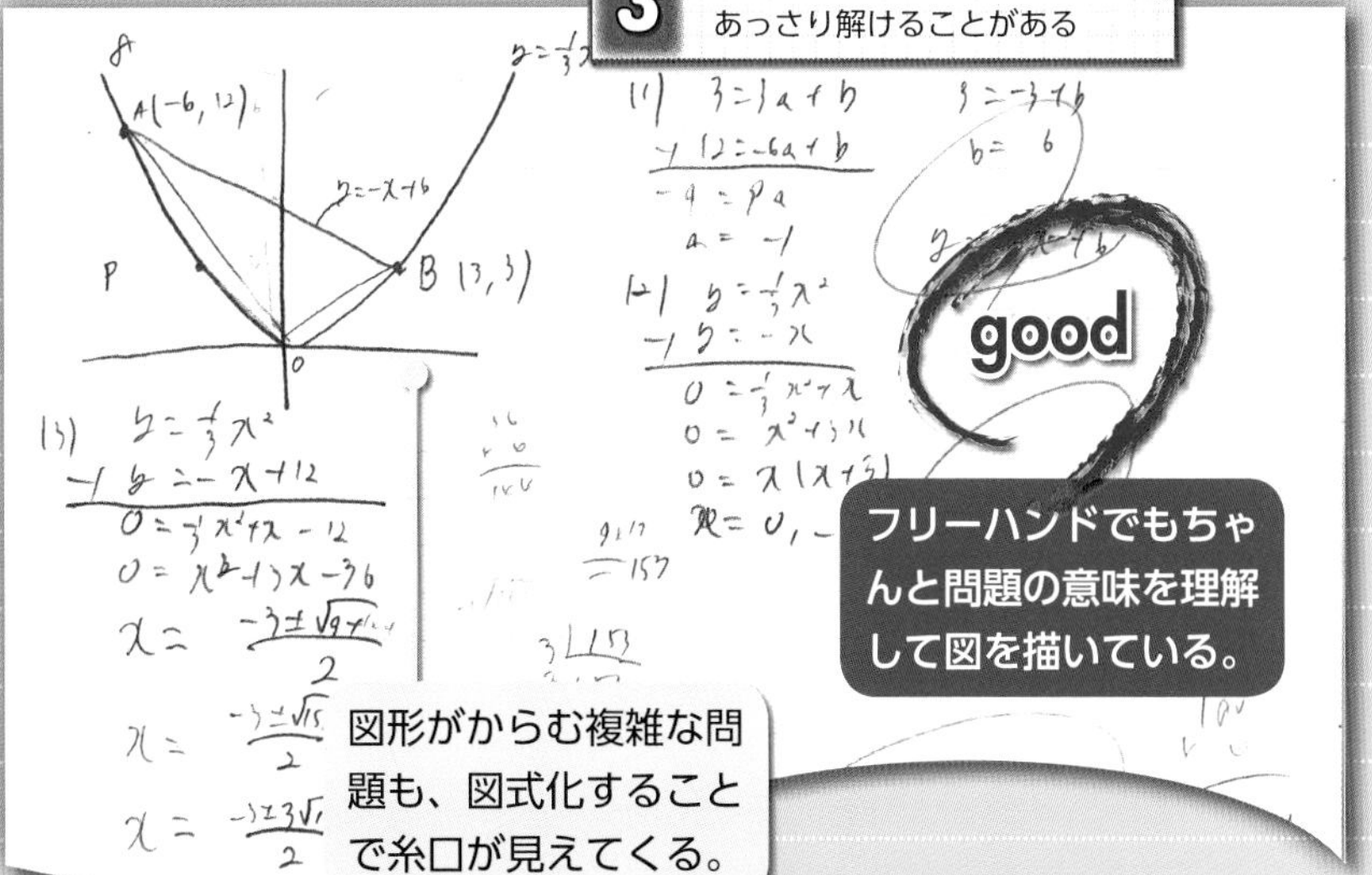

good

フリーハンドでもちゃんと問題の意味を理解して図を描いている。

図形がからむ複雑な問題も、図式化することで糸口が見えてくる。

POINT 23

ここがポイント

複雑な図形問題を解くときのコツ

大事な図は抜き出して描こう

試験の図形問題を解くときに、図の中に、線などを書き込むのが普通だろう。

図形問題の大問の中で、(1)、(2)と解き進めていくうちに、書き込みだらけになって、(3)を解こうというときには、図がぐちゃぐちゃで、何がポイントなのかがわかりにくくなってくることがある。

そんなときは、(3)に関する図だけを抜き出して別のところに描くといい。ちょっとした工夫だが、そうすることによって、問題で何が問われているのかがはっきりし、解き方のヒントも見えてくる。

先生からのアドバイス

数学は手を動かしながら考える科目だ。とくに図を描くことは多いだろう。面倒がらずに何度も書くことで、数学的なセンスが磨かれていくよ。

CHECK!

CHECK 1 設問のポイントは何か考えよう

CHECK 2 ポイントになっている図を抜き出して描こう

CHECK 3 図から式を立てて答えを導き出そう

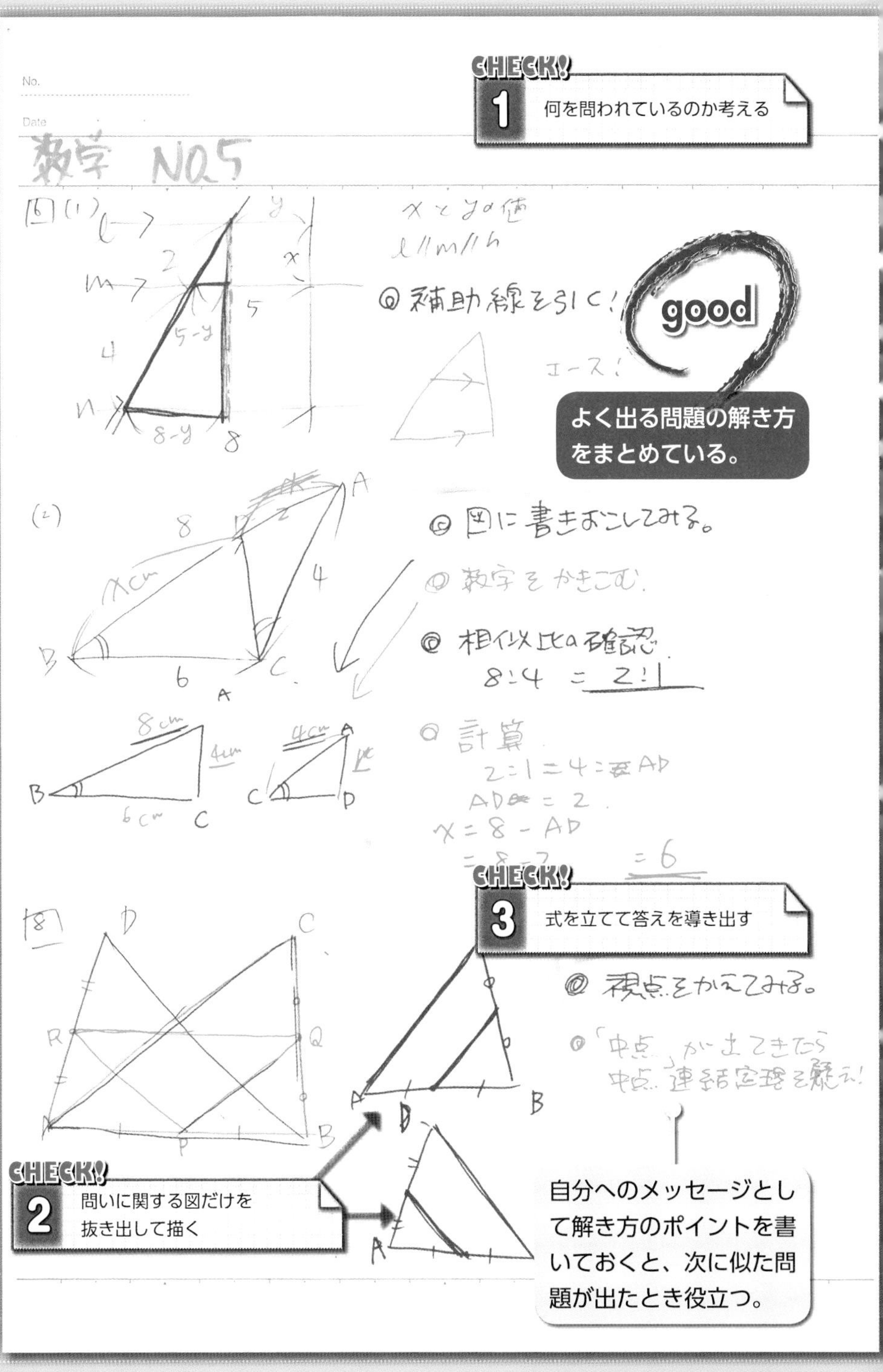

CHECK! 1 何を問われているのか考える

good

よく出る問題の解き方をまとめている。

CHECK! 3 式を立てて答えを導き出す

CHECK! 2 問いに関する図だけを抜き出して描く

自分へのメッセージとして解き方のポイントを書いておくと、次に似た問題が出たとき役立つ。

POINT 24

ここがポイント

解き直しノートを作る

二度と同じ間違いをしない

授業ノート以外で、数学に必要なのは、演習を解くためのノート、間違いだけを抜き出して解き直すノートだ。解き直しノートには、答えだけを書くのではなく、もとの式や、図も転記してから解きはじめよう。式や図を転記するときの注意は、ＰＯＩＮＴ18、19を参考にしてほしい。

だれにでも間違うときのくせがあって、いつも同じようなミスをしてしまうものだ。二度と同じ間違いをしないぞ、と自分に言い聞かせるために、「○○のミスに注意する」「○○を見直す」など自分に向けてメッセージを書いておくと、案外効果的だ。

先生からのアドバイス

間違いをそのままにしていては、いつまでたっても数学の力はつかない。面倒がらずに解き直すことで、次から間違えなくなり、結局勉強がラクになるよ。

CHECK!

CHECK 1　解き直し専用ノートを作ろう

CHECK 2　間違った問題を解き直そう

CHECK 3　自分へのメッセージを書こう

CHECK!

1 解き直し専用ノートを作る

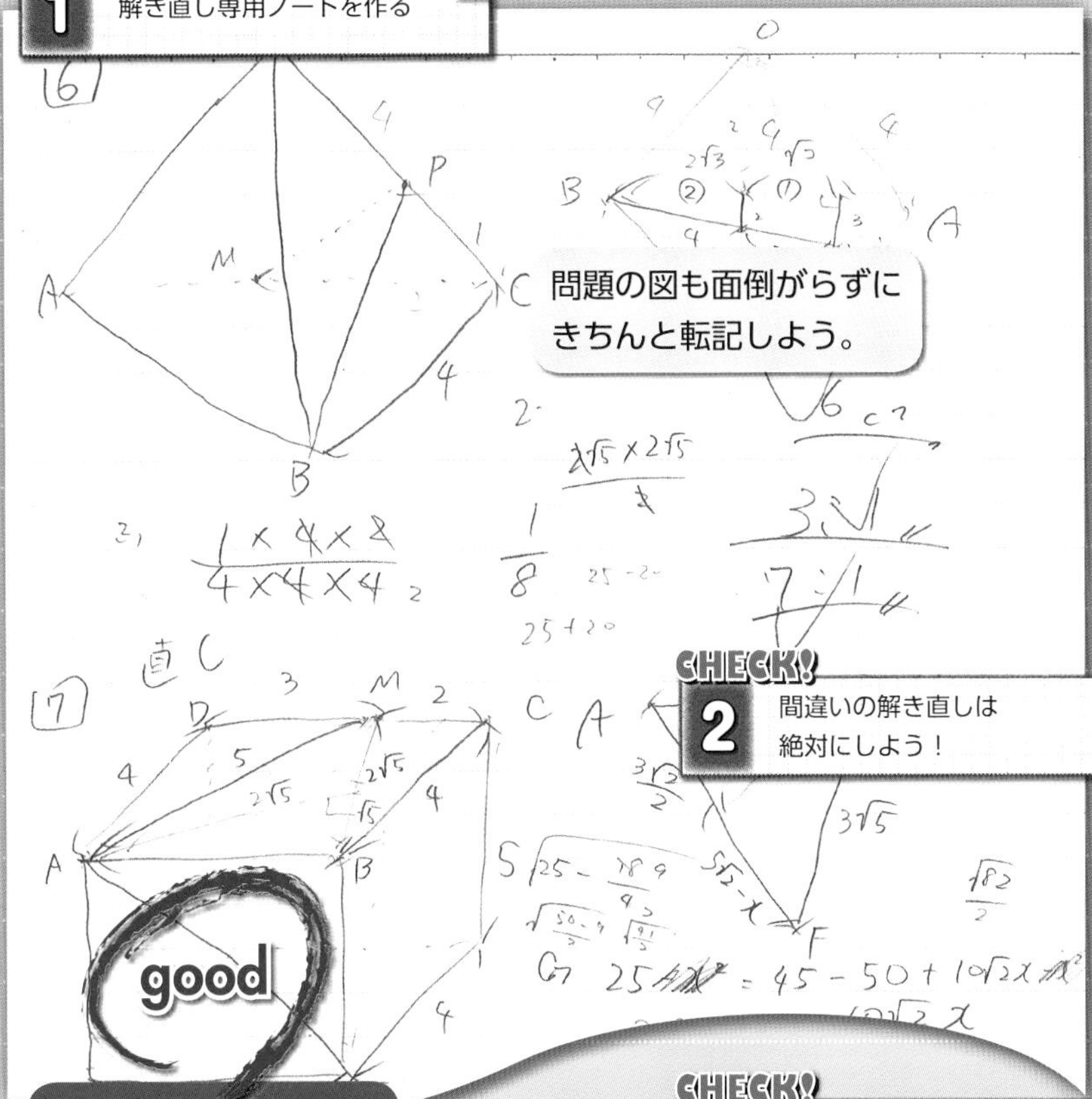

問題の図も面倒がらずにきちんと転記しよう。

CHECK!

2 間違いの解き直しは絶対にしよう！

必要な条件や記号も、もれなく転記している。

CHECK!

3 メッセージを書くことが記憶の助けになる

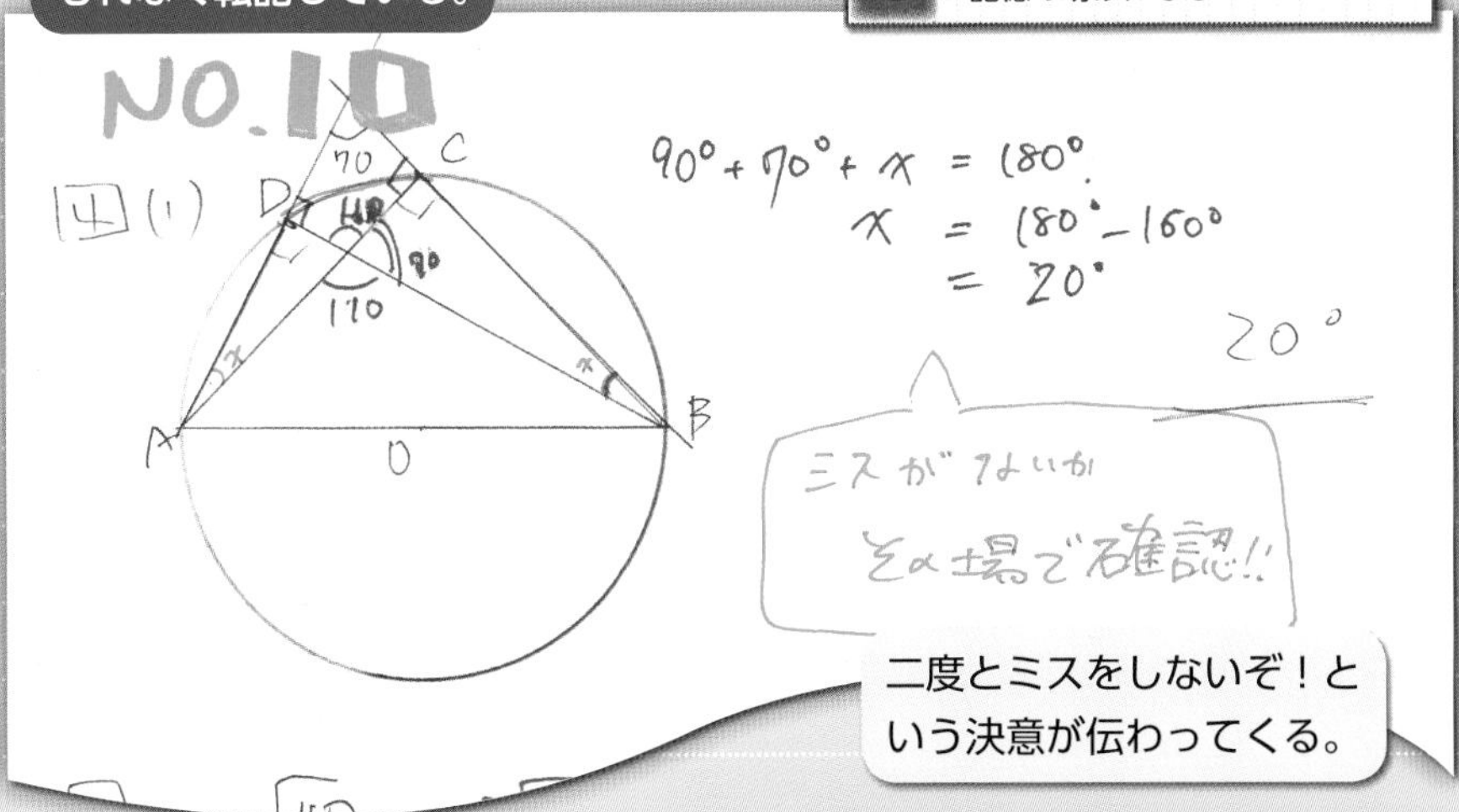

二度とミスをしないぞ！という決意が伝わってくる。

POINT 25

次につながるノートの使い方

ここがポイント

解き方のコツや戦略を書き込もう

ノートには、授業の内容を書き取ったり、問題を解いたりするほかにもう一つ役割がある。

たとえば、解き直しノートに問題を解き直すだけでなく、大事なことを赤ペンで囲んだり、「○○の公式を使う」「○○と問われたら、△△を疑え」など、解き方のコツや戦略メモしておくと、次に同じような問題が出たときも、「あのときの方法で解ける」と気づいたり、解き方をひらめいたりしやすくなる。

せっかく習った知識をその場限りで終わりにせず、次も使えるように整理することが、解き直しノートのもう一つの役割なのだ。

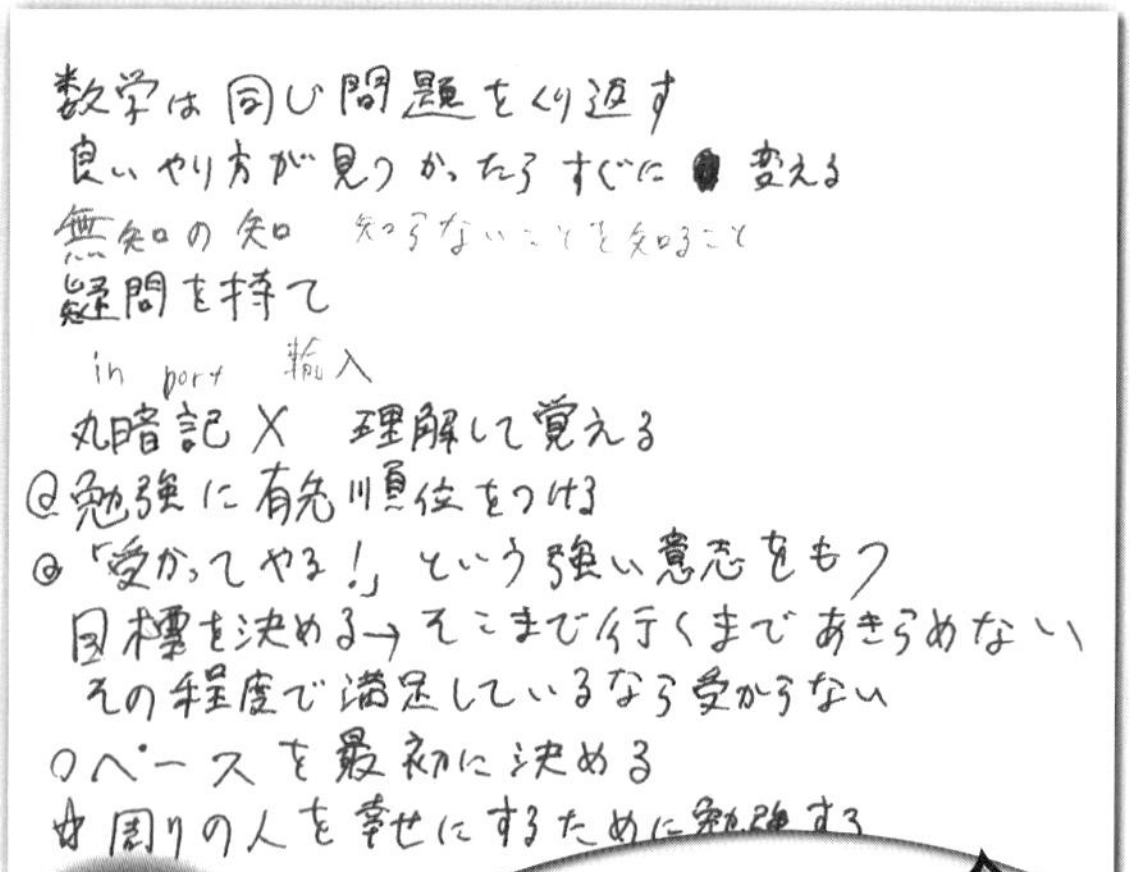

先生からのアドバイス

授業中に先生が話した心がまえをメモしている。心に刻み込むぞ！という意欲が伝わってくるね。

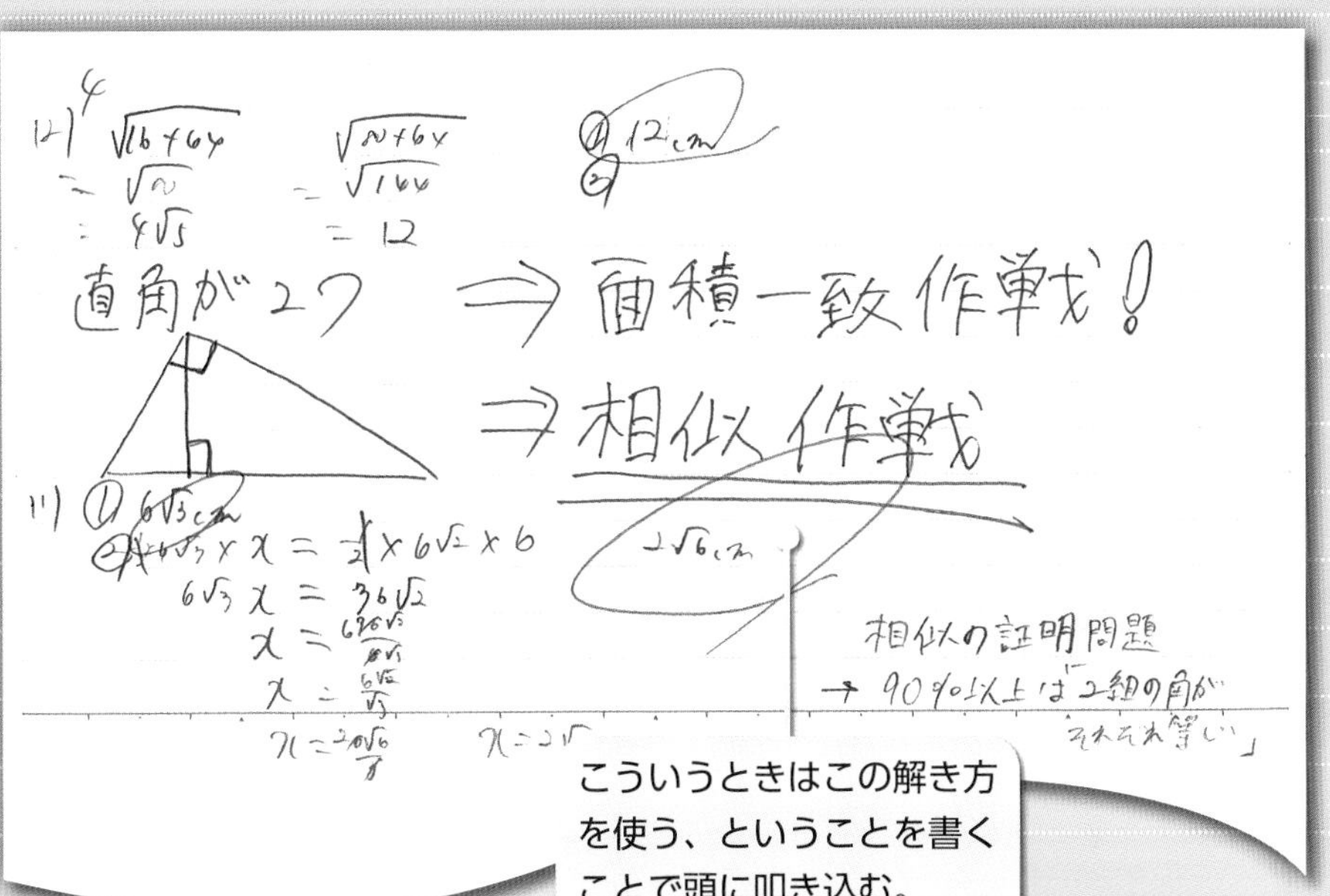

こういうときはこの解き方を使う、ということを書くことで頭に叩き込む。

good

単に解き直すだけでなく、次につながるノウハウやメッセージも書いている。

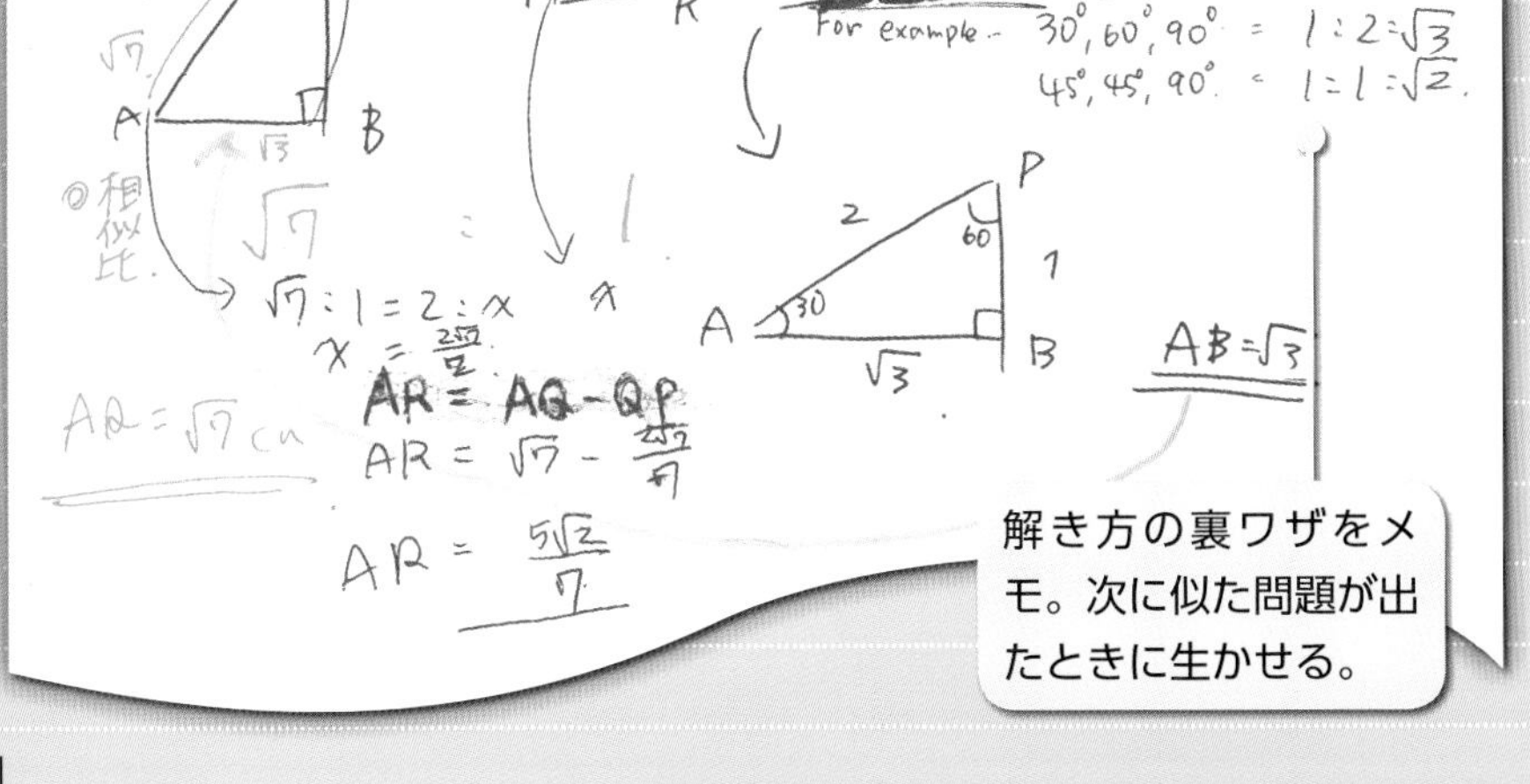

解き方の裏ワザをメモ。次に似た問題が出たときに生かせる。

Column

数学はケアレスミスを減らそう！

必ず見直しをしよう！

数学はケアレスミスの多い科目。とくに多いのが、計算ミス、単位の間違い、約分のし忘れなど。こんなことで失点してはもったいないですよね。必ず見直しをしましょう。

そのために、途中式は残しておきましょう。

途中式はていねいに書こう！

途中式や補助的な計算は、問題用紙の余白やメモ欄に書くよね。このときにメモだからといってぐちゃぐちゃに書かないこと。あとで見直すときに、どこを見たらいいかわからなくて探すのに時間がかかってしまいます。結局もう１回解き直すことになっては時間のロス。自分でも０か６かわからないような乱雑な文字も、間違いのもとですよ。

とくにマークシートの問題は解答欄を間違えないで！

わからない問題を飛ばして次の問題に取り掛かるというとき、解答欄を間違えて記入してしまい、あとあとまで答えがずれてしまうということも、やってはいけないミスです。

問題の意味を取り違えないで！

複雑な問題や長い文章題のときにありがちなのが、問題の意図をとり違えて、聞かれているのとは違うことを答えてしまうというミス。何を問われているのか、問題文に線を引きながら注意深く読むよう気をつけましょう。

教科別合格ノートの作り方

国語編

国語は、長文読解と漢字、文法、古文を含む知識問題、そして作文が出題される。長文は文学的な文章と説明的な文章が１題ずつ出されることが多いだろう。長文に慣れておかないと、読むだけで時間がなくなって心の余裕を失ってしまうから要注意。知識問題は、専用のノートに整理し確実に覚えよう。作文は、書き慣れているに越したことはないが、苦手でも、減点されないポイントは押さえておこう。

POINT 26

国語の勉強法

ここがポイント

日々の生活で国語力アップに努めよう

国語は、日々の読書量や、会話、文章を書く習慣などによって少しずつ差がついていくものだ。勉強を始めたからといって急にめきめきと点数がのびるものではない。なかでも勉強の成果が見えにくいのが長文読解。それが試験問題の約8割を占めるから、よけい点数を伸ばすのが難しいのだ。

それに対し漢字や文法は、覚えさえすれば確実に点が取れる。ここをしっかり整理して点数を稼ごう。ノートは、長文読解用、文法などの知識問題用の2つを用意する。漢字練習は、不用な紙の裏を利用してもいいが、きちんと勉強した跡を残すために、やはり専用ノートを作ったほうがいいだろう。

本やニュースに出てくる少し難しい言葉も、嫌がらずにマメに辞書を引いて語いを増やし、国語力を鍛えよう。

CHECK!

CHECK 1 読書や会話、書く習慣が国語力アップに

CHECK 2 漢字や文法で確実に点を取ろう

CHECK 3 長文読解用、知識問題用のノートを用意しよう

POINT 27

長文に慣れよう

ここがポイント

文字量に圧倒されないようになろう

国語の試験は、大問1が文学的な文章の長文読解、大問2が、説明的な文章の長文読解という構成になっている場合が多い。読書慣れしていない人は、文章量だけで圧倒されてしまう。読むスピードも読書慣れした人よりは遅いから、時間的にもゆとりがなく、焦って冷静に問題に取り組むことができなくなってしまう。

そんなことにならないように、日ごろから長文に慣れておこう。といっても受験生には読書の時間などないかもしれない。であれば、長文読解の問題を数多くこなすだけでもいい。文字を見ただけでパニックになることがないようにしておきたい。

読解問題は線を引いたり、□で囲んだりしながら読むと内容が理解しやすくなるよ。

CHECK!

- CHECK 1　日ごろから文章を読む習慣を
- CHECK 2　読むスピードをアップしよう
- CHECK 3　文字の多さにパニックにならないようになろう

POINT 28

長文読解ノートの使い方

ここがポイント

縦書きが基本

国語は縦書きが基本なので、ノートも横向きにして、縦書きになるようにして使おう。

国語は予習型の科目。授業の前に、これから習う文章を最低1回は読んでおこう。読めない漢字や意味のわからない言葉は必ず調べておくこと。

横向きにしたノートの上に、原文のプリントやテキストのコピーを貼り、下は授業中の先生の解説を書き込むために使う。文法や用語についての解説があった場合は、それも書き込むが、文法などの知識問題は、あとで、専用のノートに抜き書きしてまとめよう（これについてはPOINT31を参照のこと）。

先生からのアドバイス

定期テストでは、授業中の先生の話をどれだけ聞いているかが問われる。ノートには、板書だけでなく、先生の説明もしっかりメモしよう。

CHECK!

- CHECK 1　ノートは縦書きにしよう
- CHECK 2　上に原文のコピーを貼ってもいい
- CHECK 3　下は先生の解説を書こう

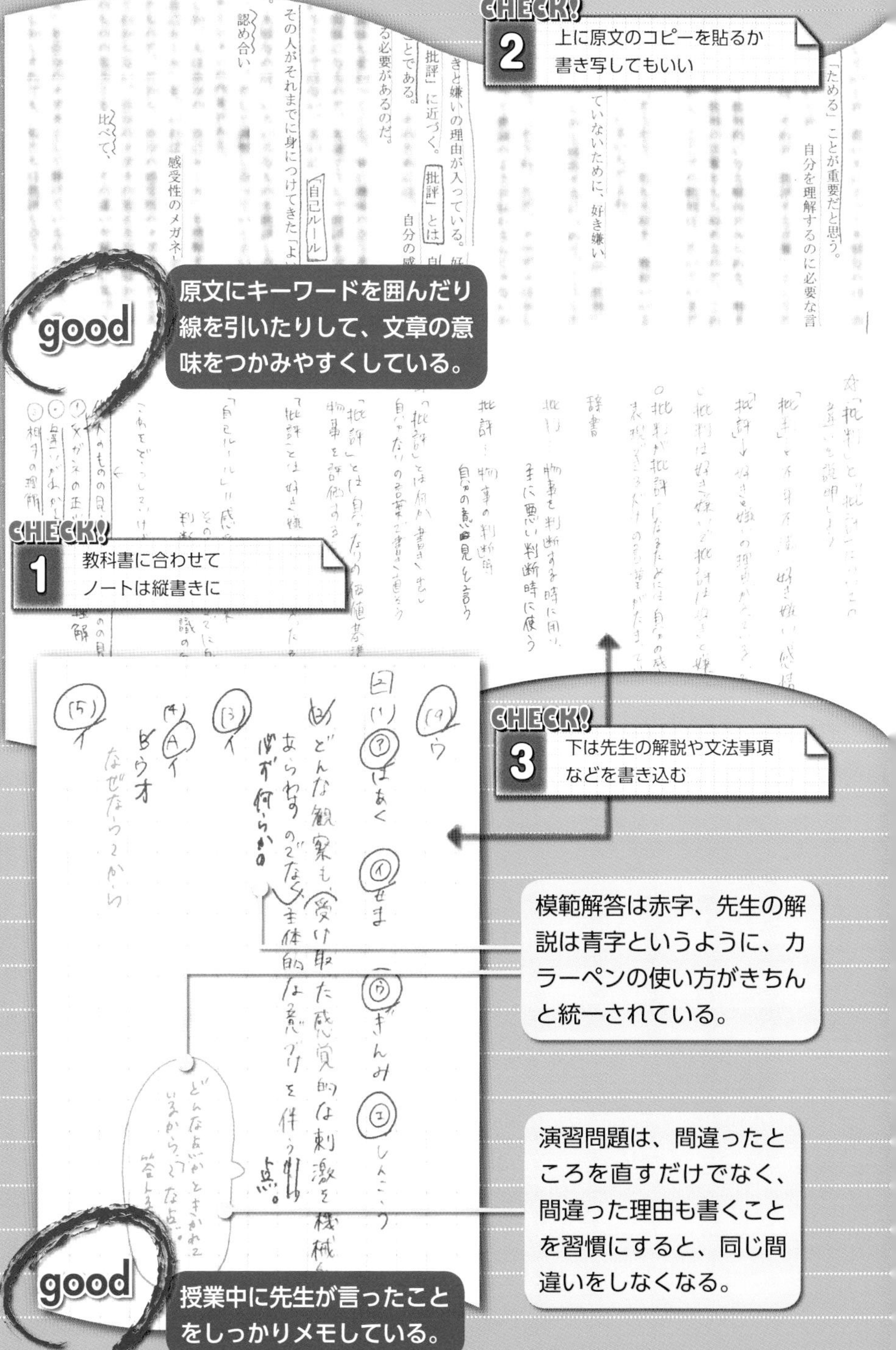

CHECK! 2 上に原文のコピーを貼るか書き写してもいい

good 原文にキーワードを囲んだり線を引いたりして、文章の意味をつかみやすくしている。

CHECK! 1 教科書に合わせてノートは縦書きに

CHECK! 3 下は先生の解説や文法事項などを書き込む

模範解答は赤字、先生の解説は青字というように、カラーペンの使い方がきちんと統一されている。

演習問題は、間違ったところを直すだけでなく、間違った理由も書くことを習慣にすると、同じ間違いをしなくなる。

good 授業中に先生が言ったことをしっかりメモしている。

POINT 29

長文は、内容を図式化する

ここがポイント 筆者の言いたいことが見えてくる

長文が苦手な人でも、文学的な文章は、ストーリーを追っていけば比較的内容をつかみやすい。しかし、説明的な文章は、難しい用語や複雑な文章が出てきたり、同じ意味のことを違う言葉で何度も言い換えていたり、よほど注意深く読まないと、筆者が何を言おうとしているのかがわかりにくい。

このような文章は、要点に線を引いたり、キーワードを□で囲んだりしながら読むといい。さらにおすすめなのが、左ページの例のように、文章の内容を図式化してみることだ。要点だけを抜き出して、全体の流れを把握することで、筆者の言いたいことが見えてくる。

先生からのアドバイス

入試本番にはそんな時間はないが、日々の勉強で図式化を習慣化すると、要点だけをつかんで大ざっぱに読み取る力がついてくる。

CHECK!

- CHECK 1　キーワードは何か　原文にしるしをつけよう
- CHECK 2　キーワードを抜き出して　図式化しよう
- CHECK 3　話の大まかな流れをつかもう

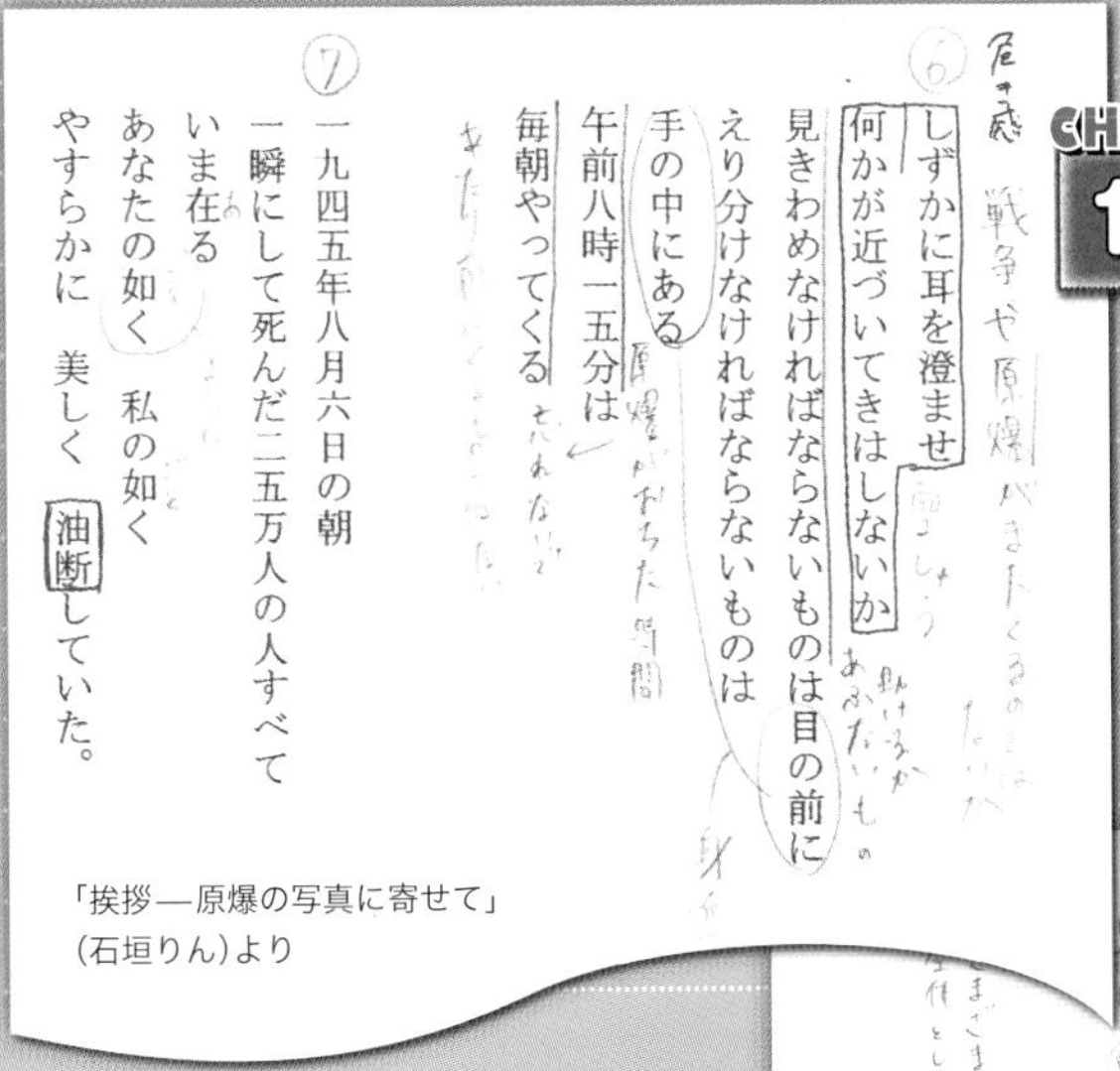

⑥
しずかに耳を澄ませ
何かが近づいてきはしないか
見きわめなければならないものは目の前に
えり分けなければならないものは
手の中にある
午前八時一五分は
毎朝やってくる

⑦
一九四五年八月六日の朝
一瞬にして死んだ二五万人の人すべて
いま在る
あなたの如く　私の如く
やすらかに　美しく　油断していた。

「挨拶―原爆の写真に寄せて」
（石垣りん）より

CHECK!
1　原文にどんどん書き込んで
ポイントをつかもう

CHECK!
2　複雑な文も図式化すると
わかりやすい

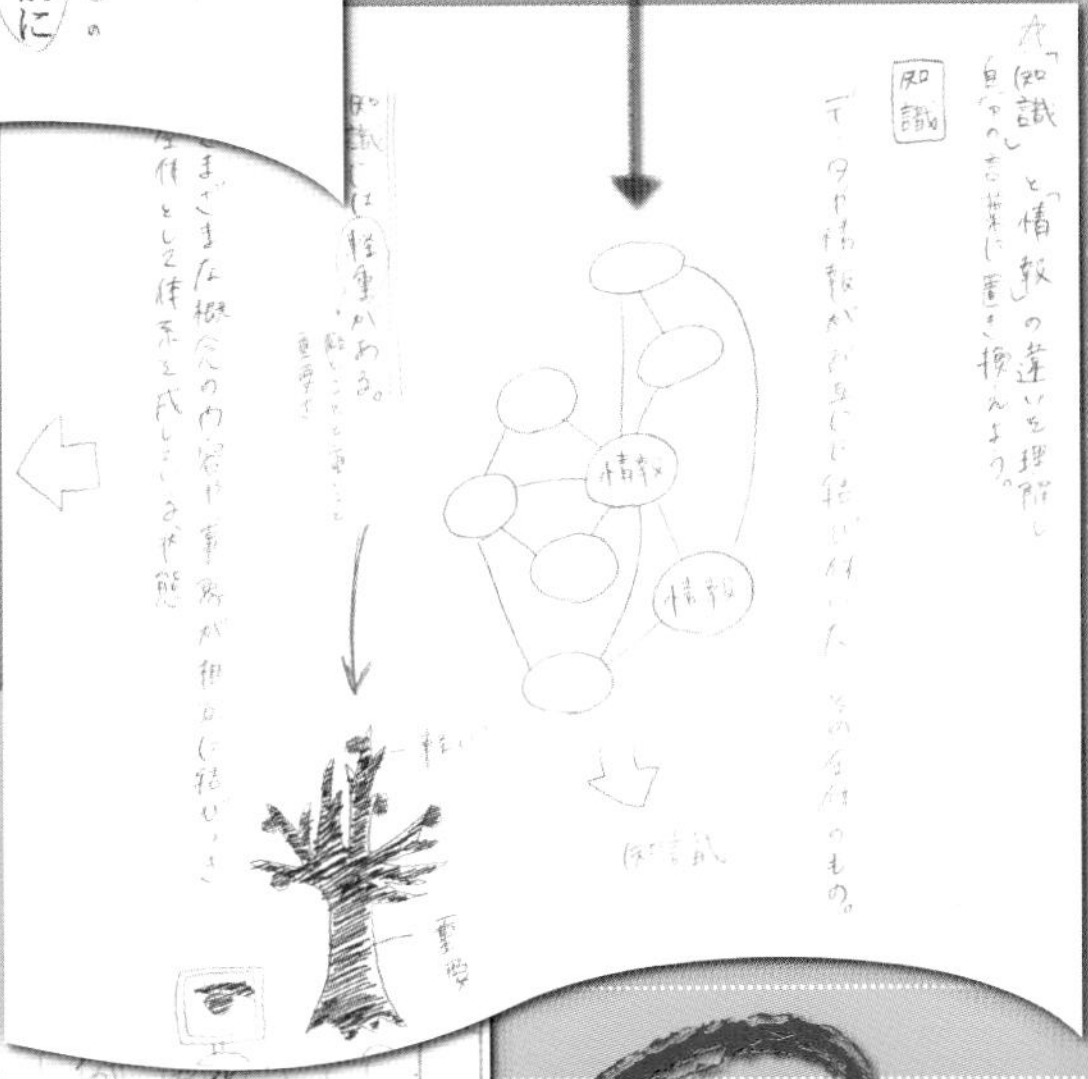

絵が苦手でも矢印で流れや関係を表すだけでイメージがわかりやすくなる。

good

文章の流れを目で見てわかるように図式化している。

ADVICE

絵の上手な人は、時間に余裕があればイラストにしてもいいね。ノートづくりは楽しむことも大事だよ。

CHECK!
3　長文は大まかな流れを
つかむことが大事だ

POINT 30

古文は、人物関係図を書く

ここがポイント

ストーリーが整理され理解しやすい

古文は、聞きなれない言葉や文章が出てくるだけでもわかりにくい上に、登場人物の名前が覚えにくく、ストーリーがつかみにくい。

最初はフルネームで登場していたのに、2回目には苗字だけ、あるいは入道、女房、といった役職名だけしか登場しなくなることも多く、ますますストーリーが見えなくなってしまう。

そんなときは、登場人物の関係を、図式化してしまおう。だれとだれは主人と家来の関係、この二人は兄弟、この二人は対立している、といったことを一度図にしてしまうと、すっきり整理されて、ストーリーが頭に入ってきやすくなる。

先生からのアドバイス

人物関係がわかると、登場人物の心情や行動への理解も深まり、物語の流れがわかりやすくなるよ。

CHECK!

CHECK 1 原文の登場人物を□で囲んで整理しよう

CHECK 2 ノートに登場人物を書き出そう

CHECK 3 それぞれの関係を図式化しよう

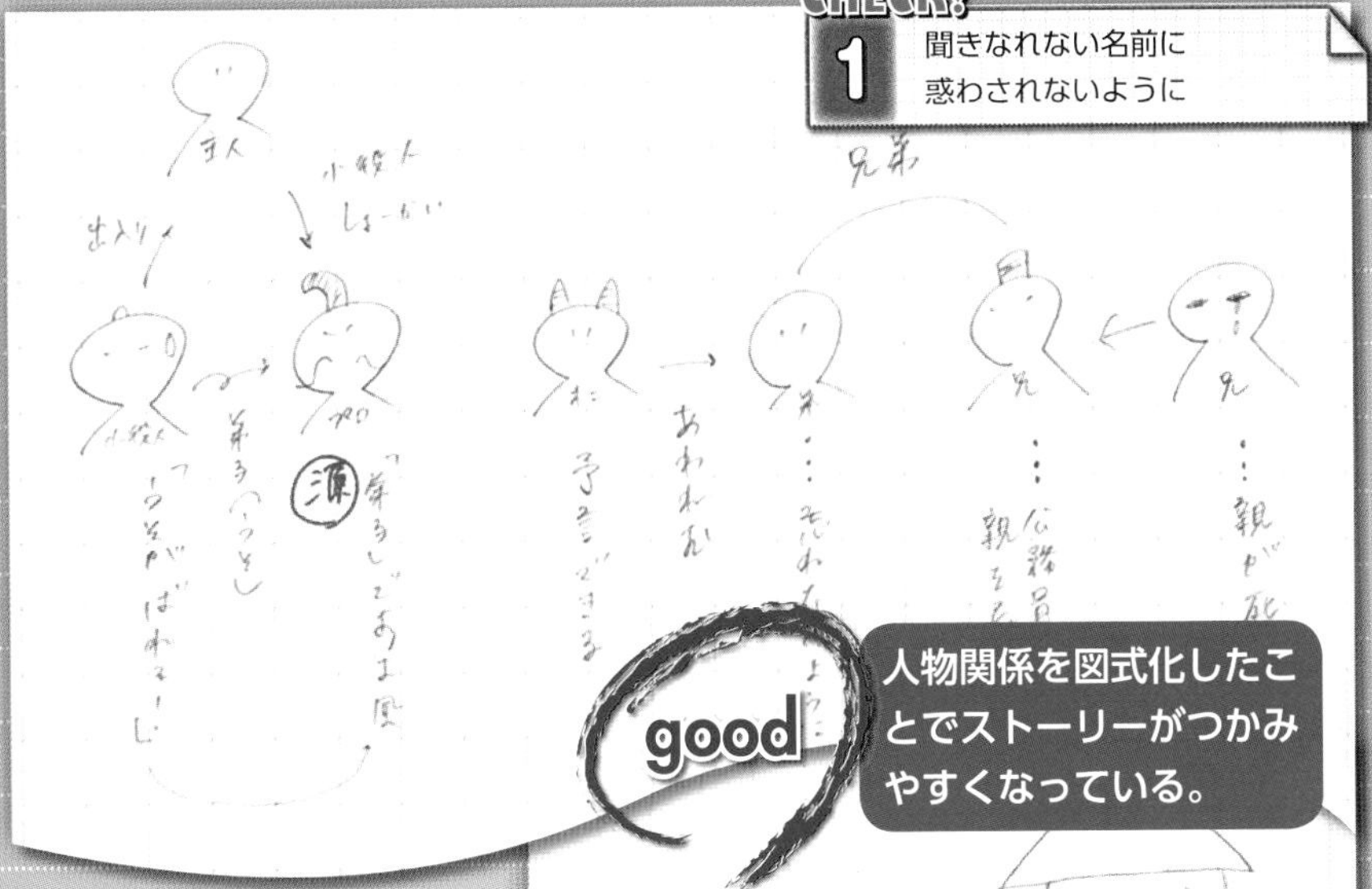

CHECK!
1 聞きなれない名前に惑わされないように

good
人物関係を図式化したことでストーリーがつかみやすくなっている。

CHECK!
2 関係がわかるように登場人物を書き出そう

CHECK!
3 人物関係が見えるとストーリがつかみやすい

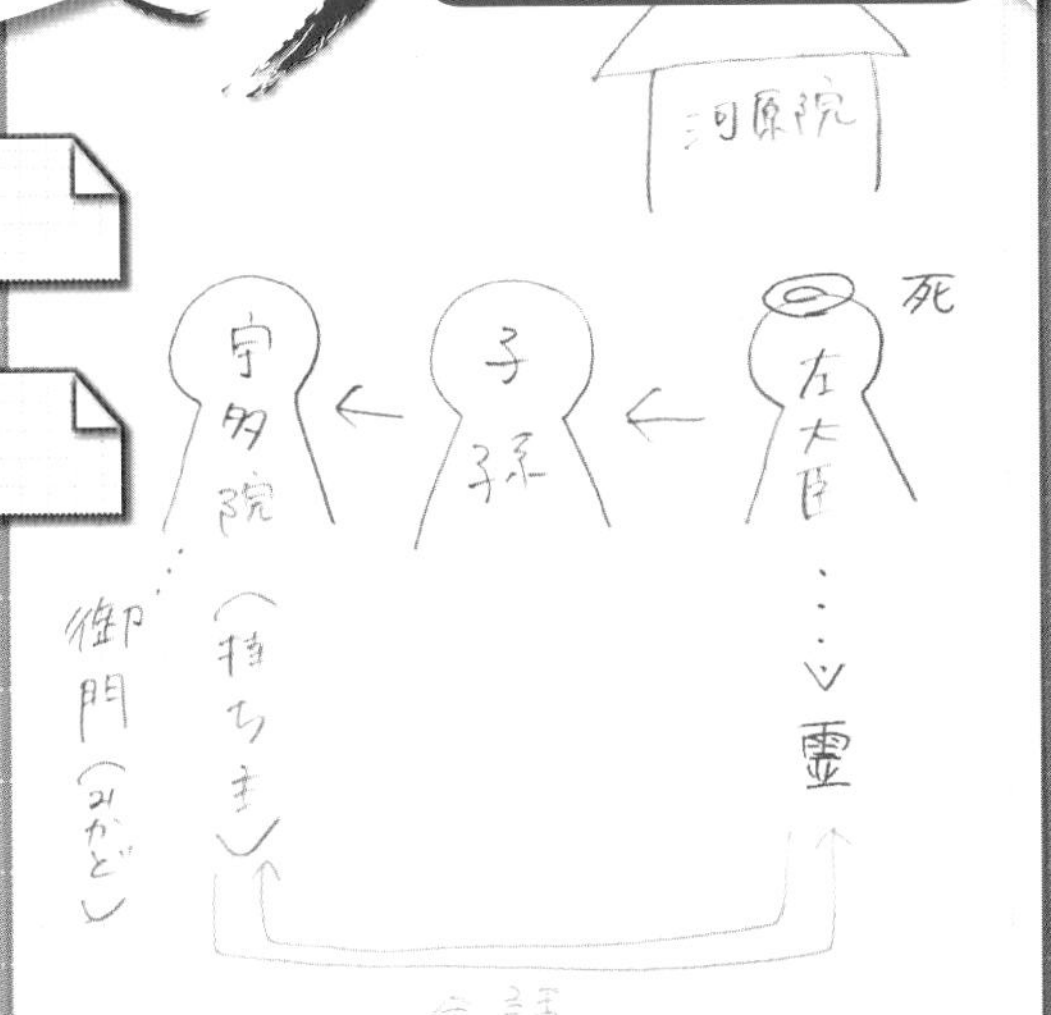

ADVICE

古文は、なじみがなく読みづらいので、全く初めての文章が出てくると、それだけで焦ってしまう人もいるよね。ただ、古文はネタが限られている。つまり、引用される文章はだいたい決まっているんだ。だから、演習問題や模擬試験で一度でも見たことがあるものくらいは、ストーリーを覚えておこう。本番でも同じ文章が使われるかもしれない。「あ、これ読んだことがある」と思うだけで安心して、余裕をもって問題に取り組めるよ。

POINT 31

知識問題は、専用ノートにまとめる

ここがポイント

繰り返し復習して完璧にしよう

文法や漢字、古文・漢文といった知識問題は、覚えさえすれば簡単に答えられるもの。みんながでける問題だけに、できないと大きな痛手になる。配点は30〜40％と比較的高いので、確実におさえておこう。

授業で文法の説明があったら、授業ノートにメモするだけにしないで、自宅に帰って知識問題専用のノートに転記しよう。ルーズリーフは、なくしたり、どこに書いたかわからなくなるのでノートがいい。

その都度やれば、短時間で終わるので、その日のうちに必ずやること。そのほうが記憶にも残る。スキマ時間に何度も見返して復習できるよう、持ち歩けるサイズがいいだろう。

文法は、解説だけでなく、例文もいっしょに書いておいたほうが、あとから独習するときにもわかりやすい。

CHECK!

- CHECK 1 知識問題の専用ノートを作ろう
- CHECK 2 文法事項は知識問題ノートにまとめよう
- CHECK 3 持ち歩いて何度も見て覚えよう

CHECK!
1 暗記ノートは常に見られるように持ち運びできるものを

good

文法事項だけを専用ノートにまとめている。

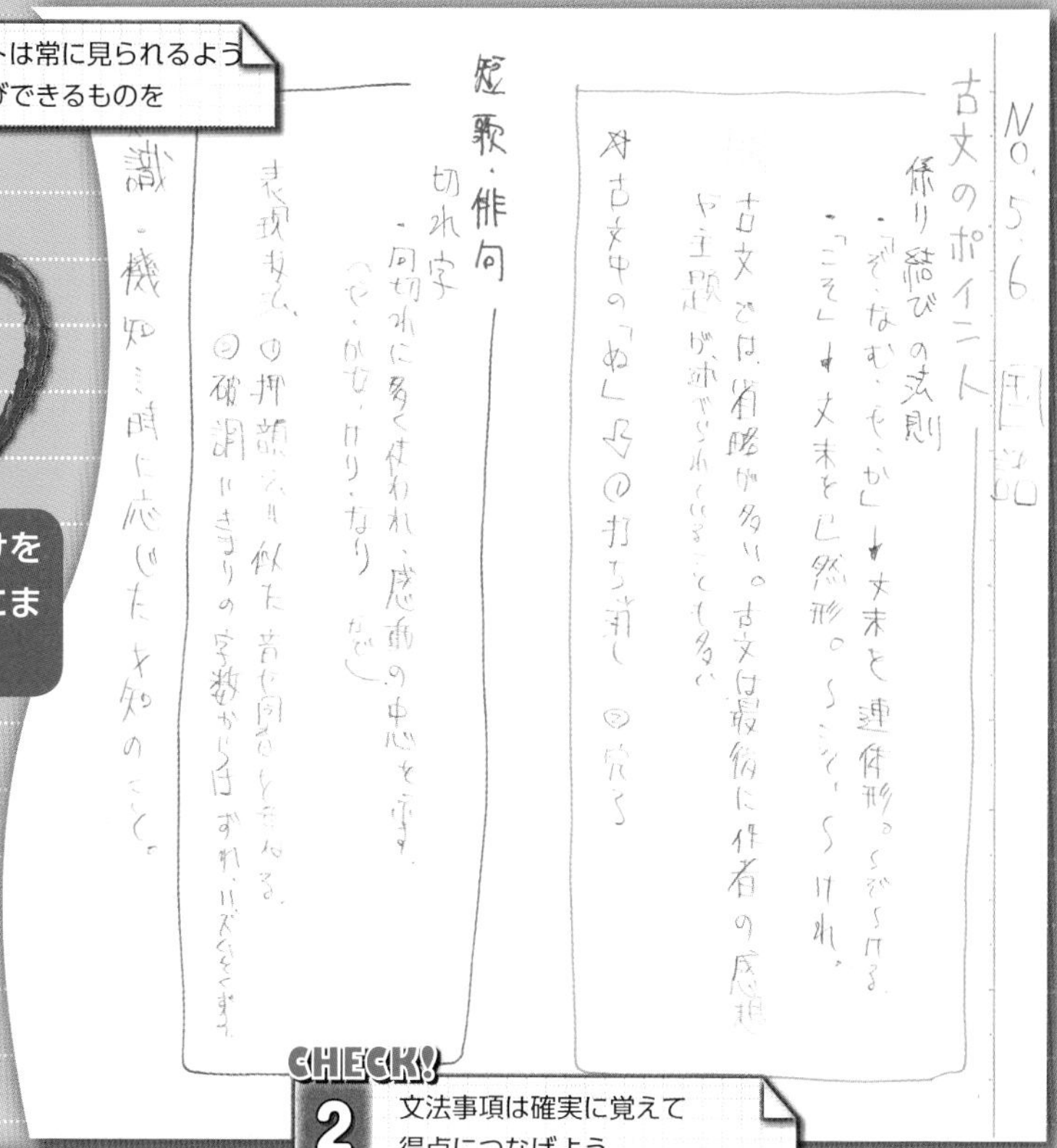

CHECK!
2 文法事項は確実に覚えて得点につなげよう

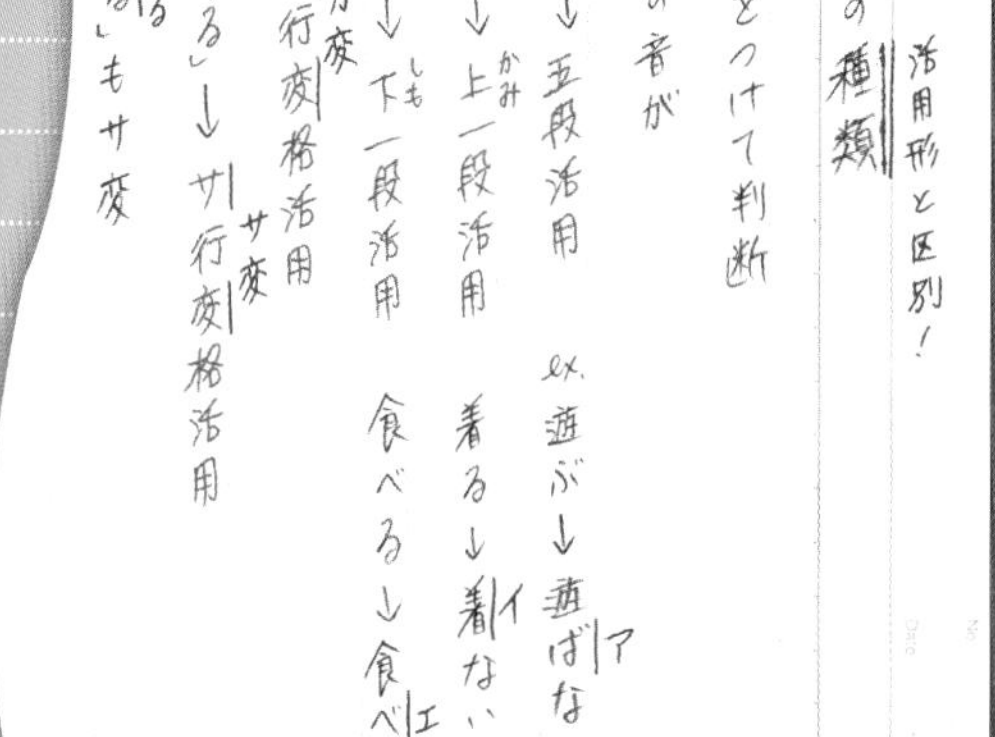

CHECK!
3 試験会場にもこれ一冊持っていけばいいように

長文読解問題の途中で出てきた文法事項は、抜き出して、知識問題ノートにまとめておこう。これ1冊に文法事項はすべて集めておくと便利。

POINT 32

漢字・語句のまとめ方

ここがポイント

関連事項もついでに調べよう

漢字を暗記する場合には、漢字ノートにひたすら漢字を覚えて書くのが基本的な勉強法。熟語、四字熟語など、いわゆる漢字知識は、知識問題ノートに整理しておこう。長文読解問題の中に出てきた難しい漢字や熟語も、抜き書きして転記しておこう。

単語と意味だけを書くのではなく、同義語、対義語、同音異義語などがあれば、それもいっしょに調べて書いておこう。いろいろ関連事項を付け加えれば加えるほど、記憶が確実なものになっていく。こうした日々の積み重ねで語いが増え、国語力がアップしていくのだ。

先生からのアドバイス

新しい熟語を見たら、類語はないかな？ 対義語は何だろう？ と言葉に関心を持って調べよう。少しずつ、語いを増やしていこう。

CHECK!

- CHECK 1　漢字・語句は知識問題ノートにまとめよう
- CHECK 2　長文読解で出てきた漢字・熟語・語句を抜き出そう
- CHECK 3　ついでに関連事項も調べよう

CHECK! 1 熟語、同義語、対義語、漢字知識用の暗記ノートを作る

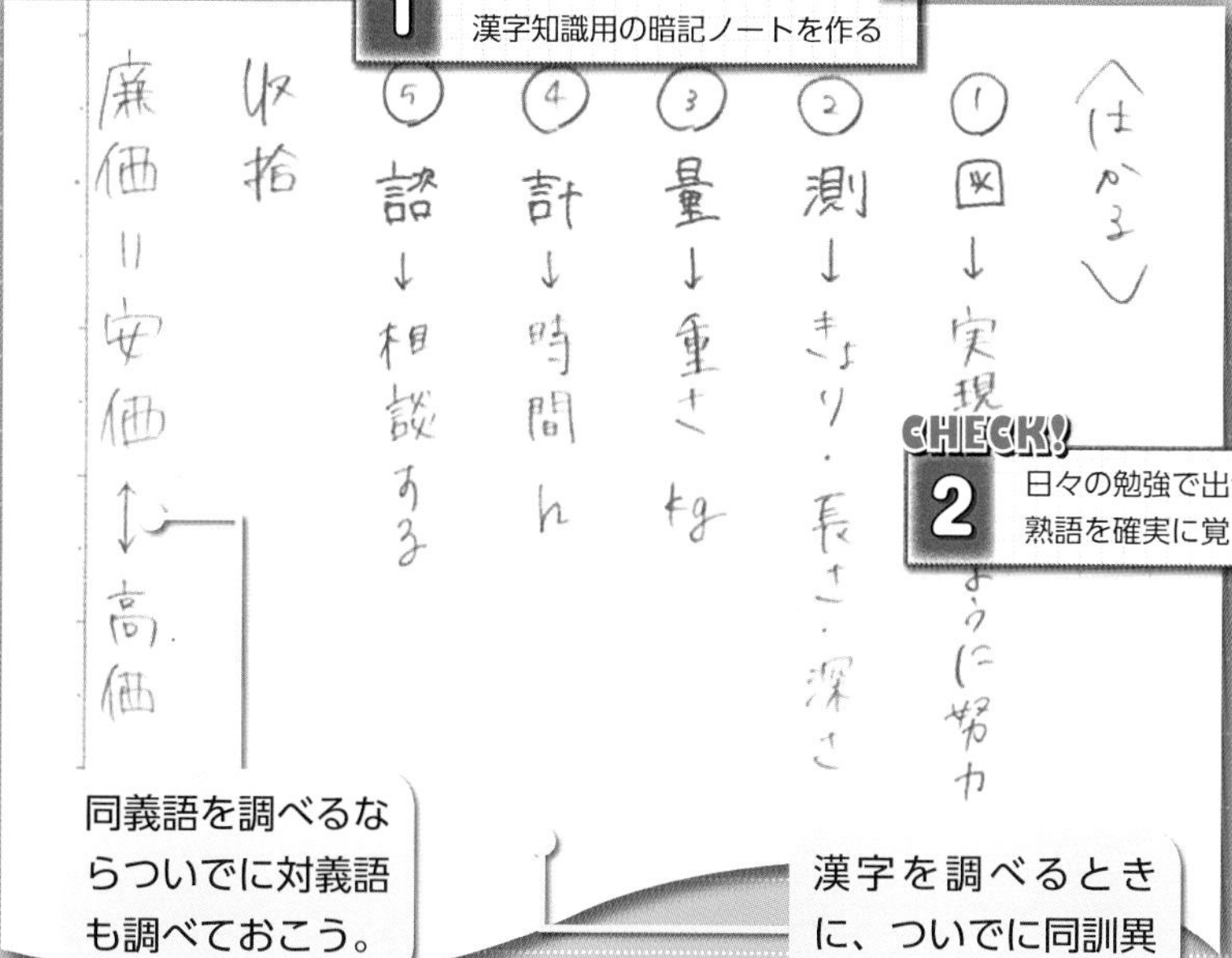

CHECK! 2 日々の勉強で出合った漢字・熟語を確実に覚えていこう

同義語を調べるならついでに対義語も調べておこう。

漢字を調べるときに、ついでに同訓異字も調べておこう。

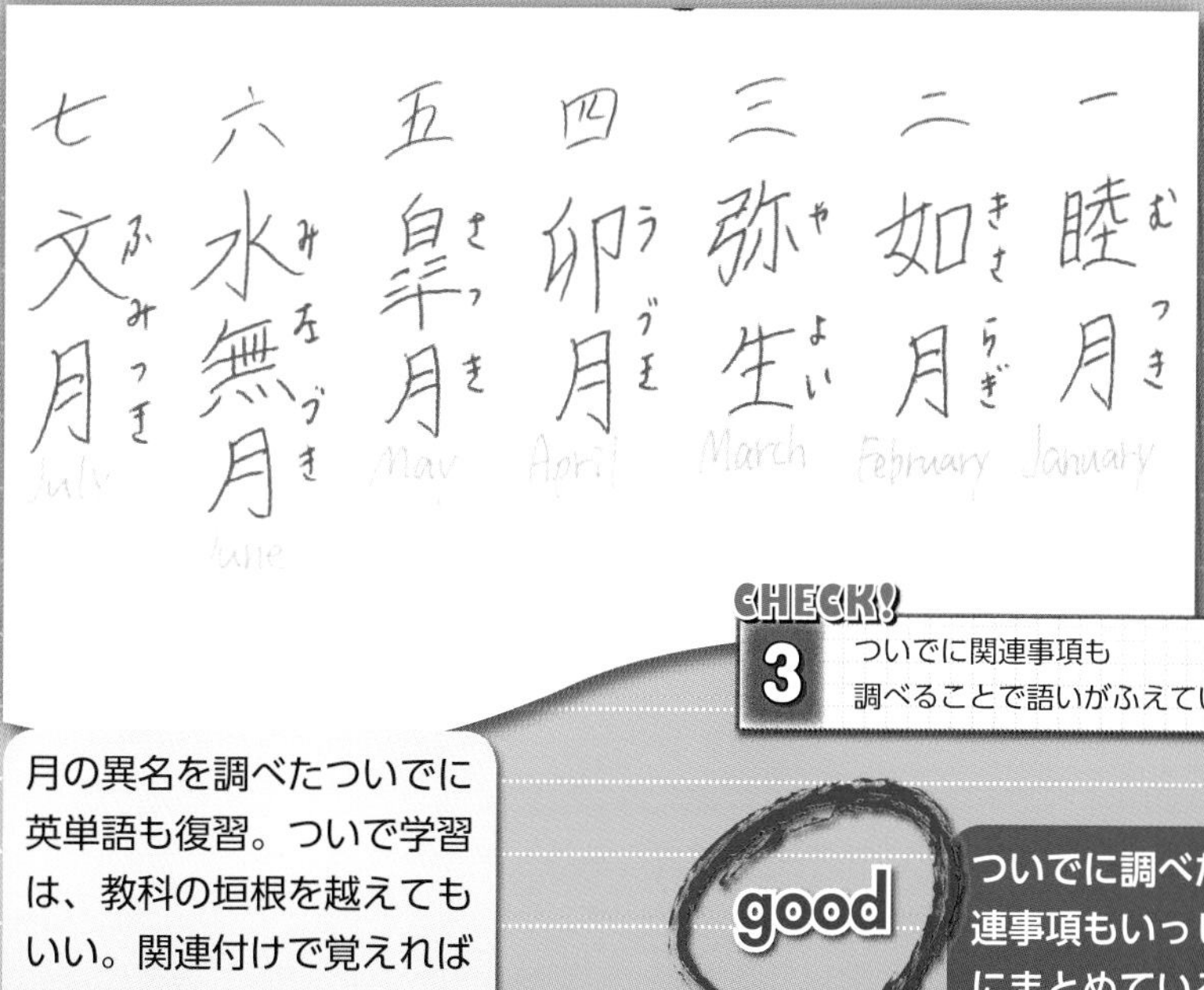

CHECK! 3 ついでに関連事項も調べることで語いがふえていく

月の異名を調べたついでに英単語も復習。ついで学習は、教科の垣根を越えてもいい。関連付けで覚えれば記憶が強化される。

good ついでに調べた関連事項もいっしょにまとめている。

POINT 33

ここがポイント

文学史はベスト3で覚えよう

特徴が比較できて覚えやすい

公立ではあまりないが、私立高校では、文学史の問題も出題される場合がある。すべてを網羅して覚えることは不可能だが、過去問を見てどの時代や分野が出題されるか、だいたいの傾向を知っておこう。

覚えるときは、何でもベスト3にして覚えるといい。たとえば、三大和歌集といえば、万葉集・古今和歌集・新古今和歌集。三大随筆集といえば、枕草子・方丈記・徒然草だ。もちろん名前だけでなく、特徴、編者、筆者、時代なども同時に覚えておこう。一覧表にすると、それぞれの特徴が一度にわかって覚えやすい。

先生からのアドバイス

私立校の場合は、過去問を見て、どういう問題が出るか傾向をつかんでおこう。文学史のほか、手紙の書き方、敬語なども私立では出題されることがある。

CHECK!

CHECK 1 文学史はベスト3で覚えよう

CHECK 2 一覧表で整理しよう

CHECK 3 暗記モノは覚え方を工夫しよう

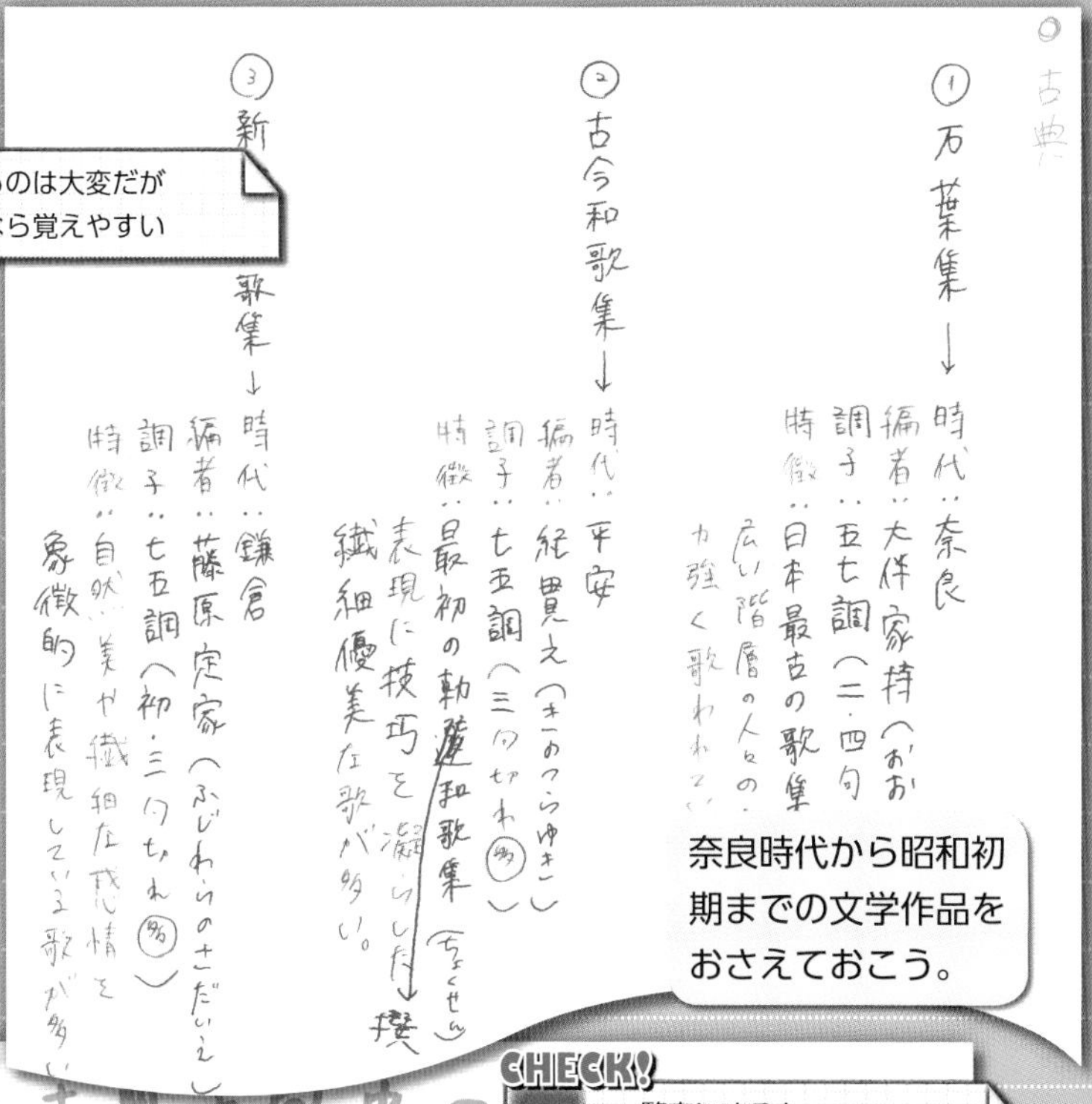

CHECK! 1 全部覚えるのは大変だが ベスト3なら覚えやすい

奈良時代から昭和初期までの文学作品をおさえておこう。

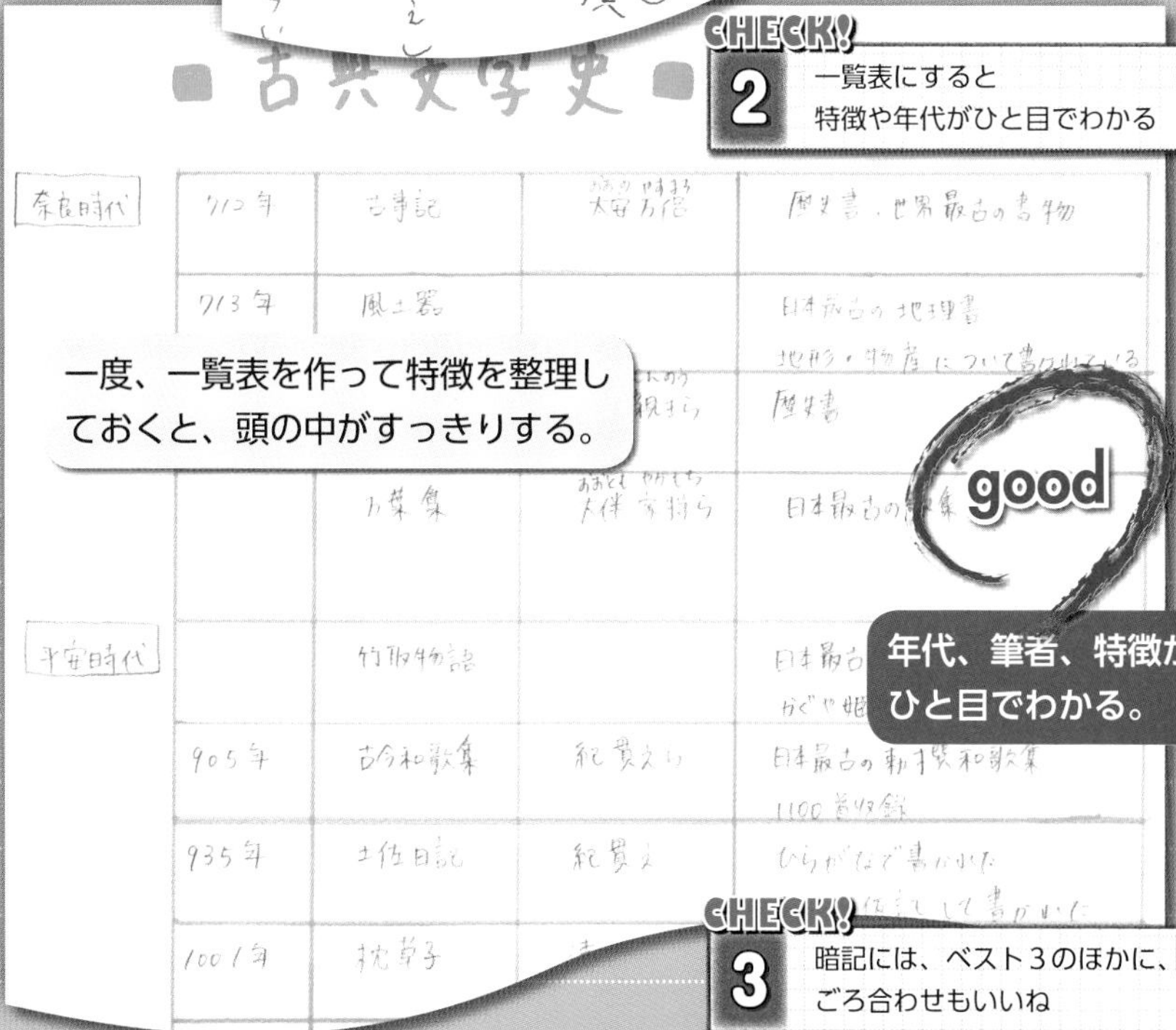

CHECK! 2 一覧表にすると 特徴や年代がひと目でわかる

一度、一覧表を作って特徴を整理しておくと、頭の中がすっきりする。

good

年代、筆者、特徴がひと目でわかる。

CHECK! 3 暗記には、ベスト3のほかに、ごろ合わせもいいね

POINT 34

作文は得点するより減点されないこと

ここがポイント

これをやったら減点というポイントを知る

作文は、一朝一夕に上達するものではなく、日ごろから文章を書きなれていない人は苦戦するかもしれない。苦手なら、上手な文章を書くことよりも、減点されないことに意識を向けよう。

まず、絶対してはいけないことは、白紙で出すこと。これでは有無を言わさず0点だ。問題の条件にはきちんと従おう。１００文字以内で書けと言われたら、せめて80字くらいまではがんばってマスを埋めよう。10字でも１０１字でもいけない。理由を聞かれたら、「〇〇だから」と答えよう。原稿用紙の使い方を間違えても減点の対象だから気をつけて。あきらめず、少しでも多く点数を稼ごう。

先生からのアドバイス

原稿用紙の使い方や、漢字の間違い、文法の間違いなど、文章力以前の問題で減点されないように気をつけて。

CHECK!

CHECK 1 白紙は絶対ダメ

CHECK 2 与えられた条件を守ろう

CHECK 3 漢字や文法で減点されないよう気をつけよう

CHECK!

1 簡単にあきらめないで
とにかく解答欄を埋めよう

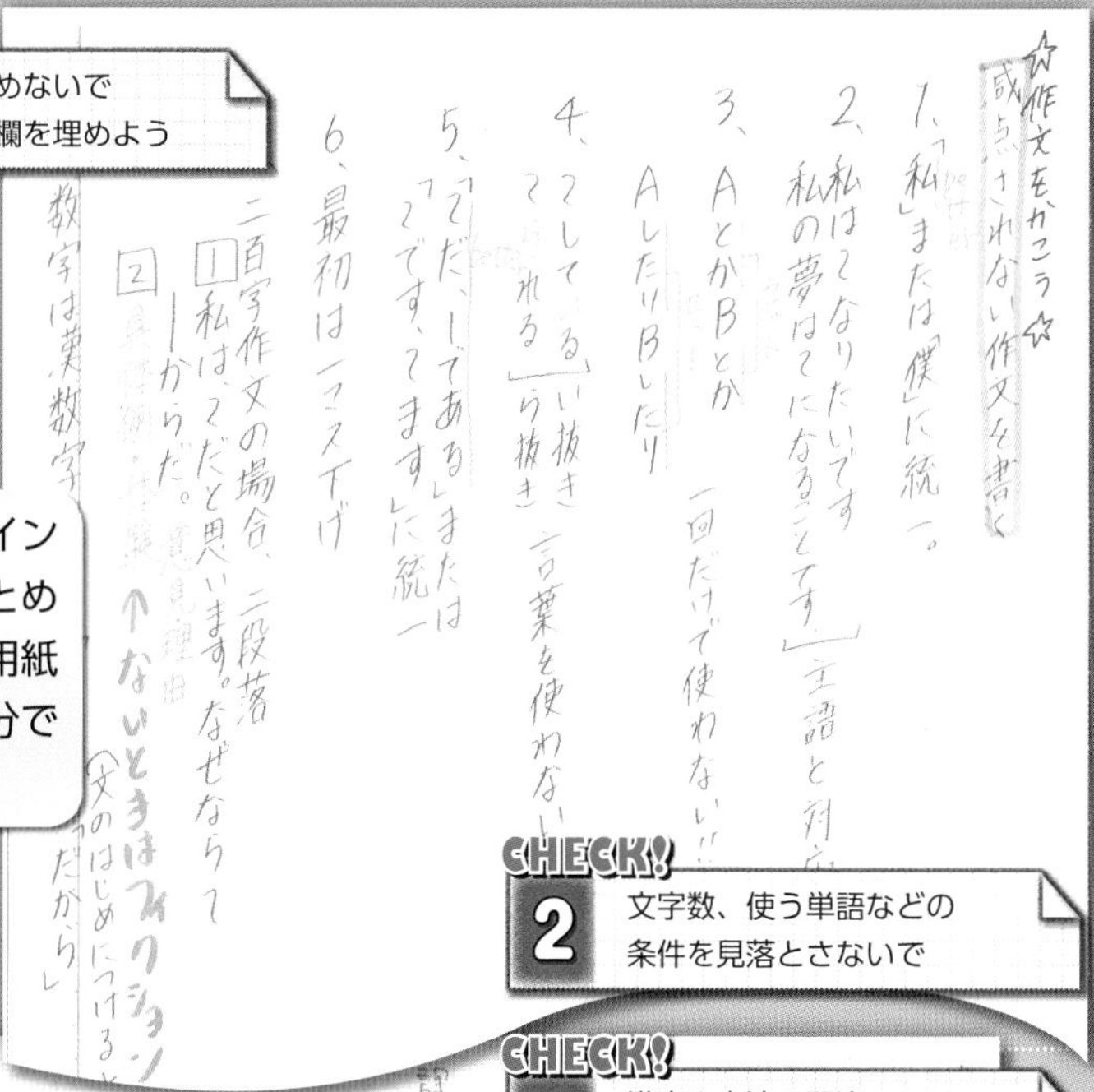

減点されないポイントをしっかりまとめているね。原稿用紙の使い方も、自分で調べておこう。

CHECK!

2 文字数、使う単語などの
条件を見落とさないで

CHECK!

3 漢字や文法の間違いで
減点されたらもったいない

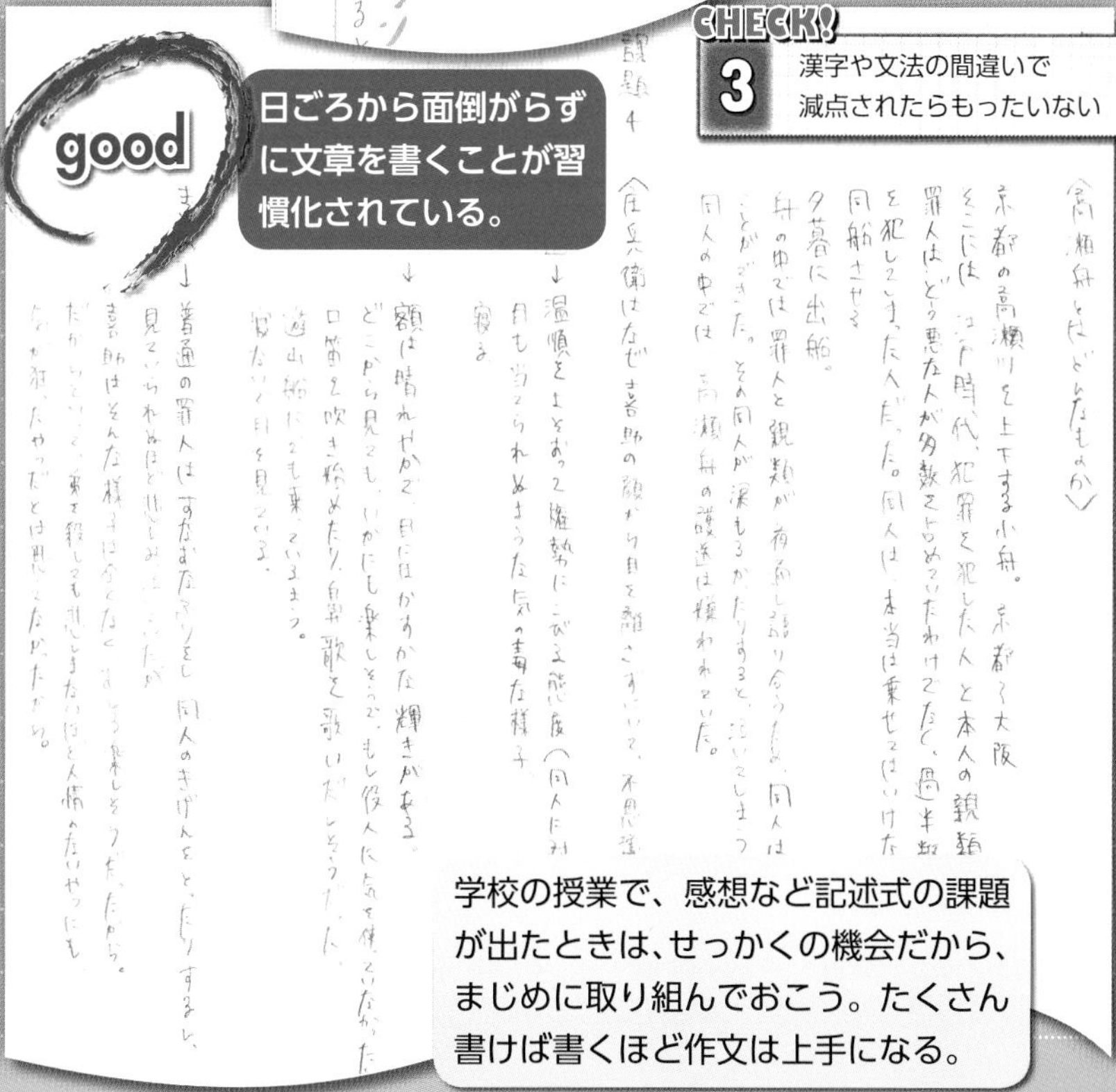

good

日ごろから面倒がらずに文章を書くことが習慣化されている。

学校の授業で、感想など記述式の課題が出たときは、せっかくの機会だから、まじめに取り組んでおこう。たくさん書けば書くほど作文は上手になる。

Column

長文読解攻略のコツ

線を引きながら読もう

長文は、読むだけでも時間がかかります。1回読んだだけでだいたいの意味を理解するためには、キーワードや大事だと思われることにどんどん線を入れましょう。ただし、あまり線を入れすぎると何が大事なのかわからなくなるのでほどほどに。

設問の傍線を長く伸ばして答えを探せ！

長文読解には、「傍線部について答えなさい」といった問題がよく見られますが､答えは傍線の前後にあることが多いです。出題者は、答えをわかりにくくするために、わざと傍線を短くしているのです。ならば、傍線を前後に長く伸ばしてみましょう。その中に答えやヒントがあるはずです。

記述式の問題はもう一回解き直そう

長文読解問題は、全く同じ問題が出る可能性は低いので、数学や英語のように解き直しをする意味はないと思われがち。しかし、記述式の問題は、解き直しておいたほうがいいでしょう。先生の解説を聞いたときはわかっていたのに、いざ一人でもう一回やろうとしたら書けないということが意外に多いからです。もう一回書くことで、聞かれたことに対して記述して答えるコツがつかめてきます。書くという訓練自体に意味があるのです。

教科別合格ノートの作り方

理科は、私立高校では受験科目になっていない高校も多い。公立校の理科の入試問題は、基本的に教科書の内容がしっかりできていればそれほど難しくはない。授業で習ったことは、まとめノートにまとめ、頭に入れておこう。指導要領が新しくなって、記述式の問題が増え、実験のプロセスを記述させる問題も増えている。実験・観察の記録をノートにしっかりまとめることは、書く力のアップにつながる。授業中に実験や観察にまじめに取り組むことも受験の対策になるだろう。

POINT 35

理科の勉強法

ここがポイント

4分野をまんべんなく学習しよう

中1からこつこつと勉強をしているキミなら、受験勉強といっても特別に心配することはない。演習問題を繰り返して、問題に慣れておけばいいだろう。まじめに勉強してこなかったというキミは、中3の夏休みに集中して総復習をしておこう。秋からは主要3科目の勉強で忙しくて、そんな時間を取ることは難しくなる。理科は、物理、化学、生物、地学の4分野をまんべんなく勉強しよう。これは時間のことではなく、問題量のこと。得意なものは早く終わってしまうが、苦手なものは時間がかかる。同じ時間勉強したのでは、苦手な分野は問題量が足りなくていつまでも苦手のままになってしまうからだ。

物理や化学は苦手だという人は多い。しかし、よく出る問題は決まっている。演習問題を繰り返して慣れておくといいだろう。

CHECK!

CHECK 1 授業の内容をしっかり覚えよう

CHECK 2 演習問題を繰り返そう

CHECK 3 4分野をまんべんなく勉強しよう

「まとめノート」の例

日々の授業で習ったことは、まとめノートにまとめ、理解することが受験勉強の第１歩だ！

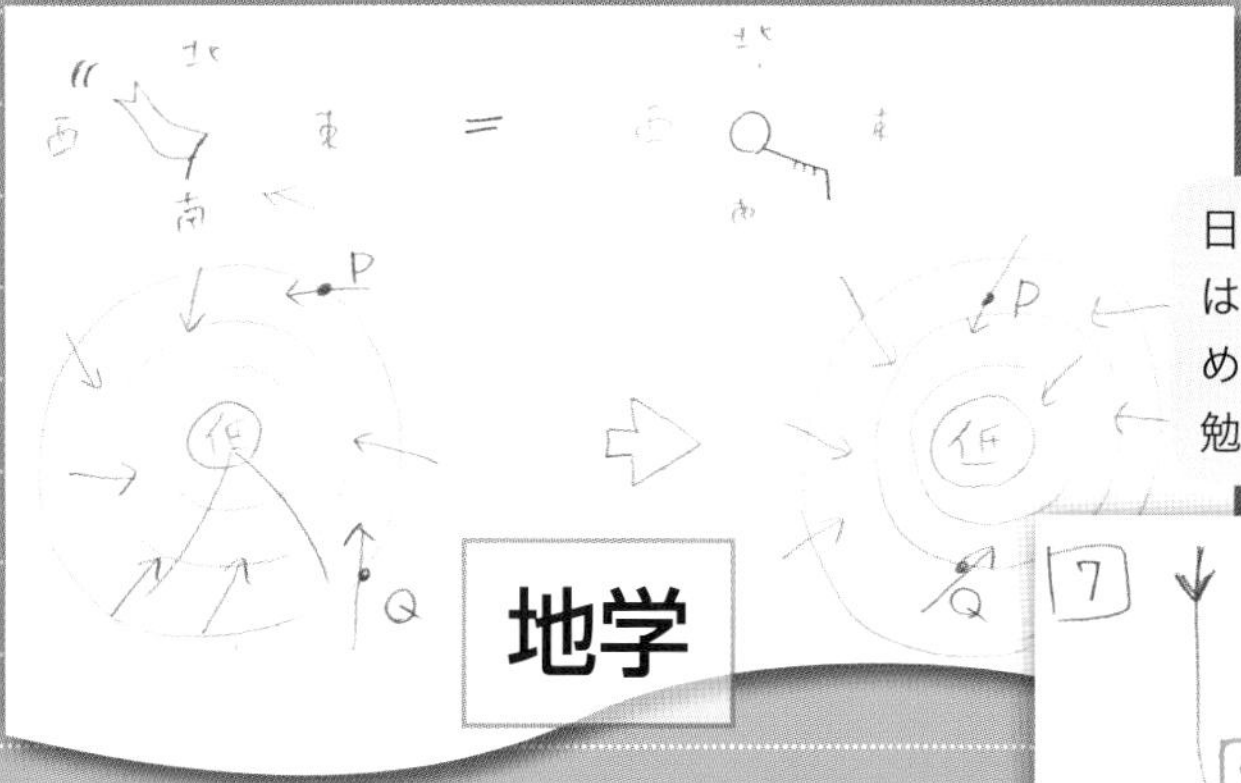

地学

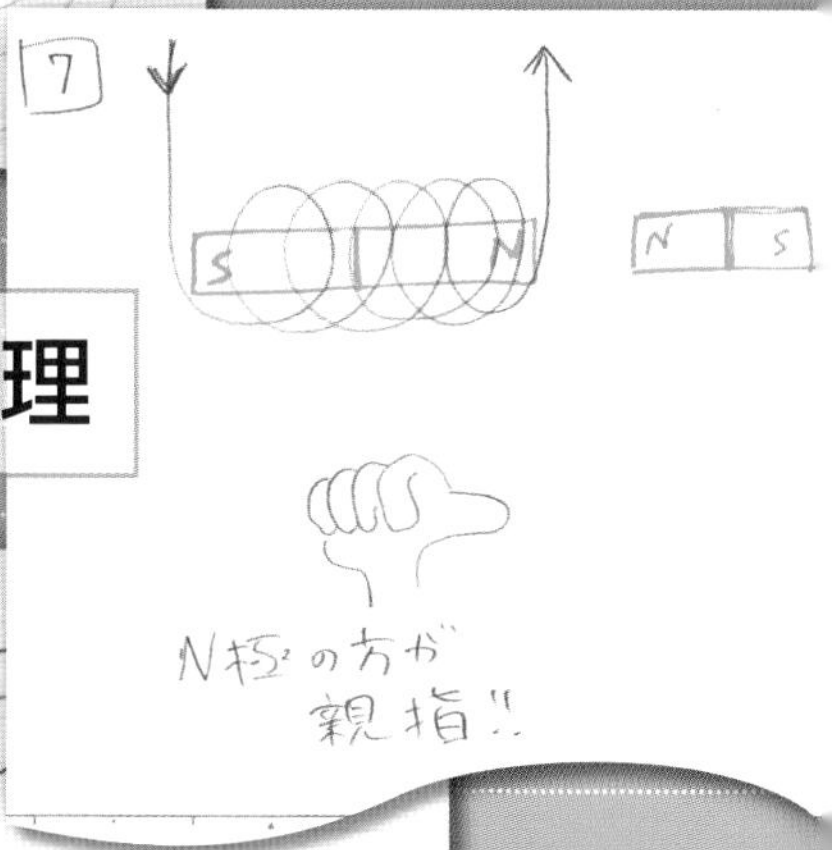

物理

４分野まんべんなく勉強しよう。

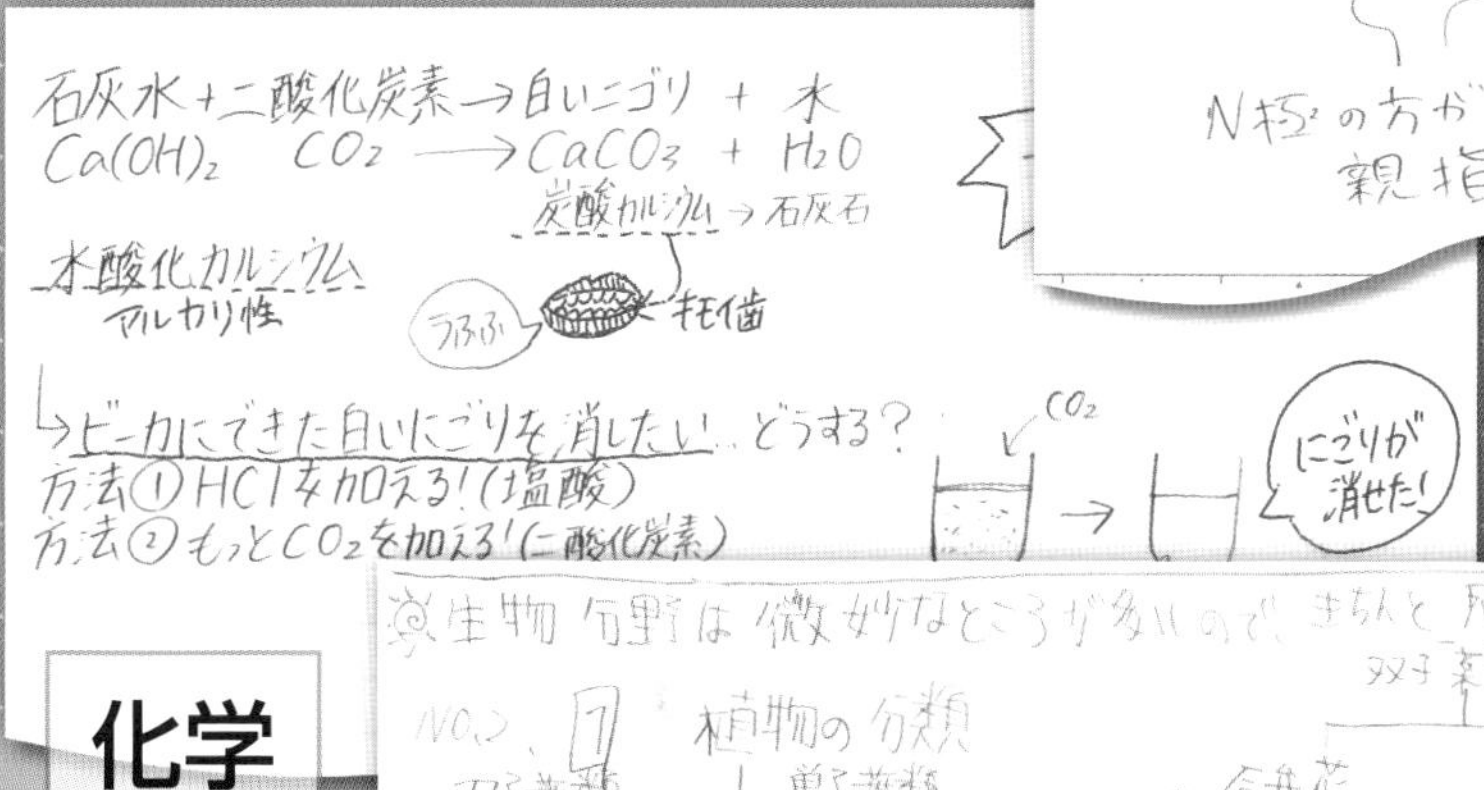

化学

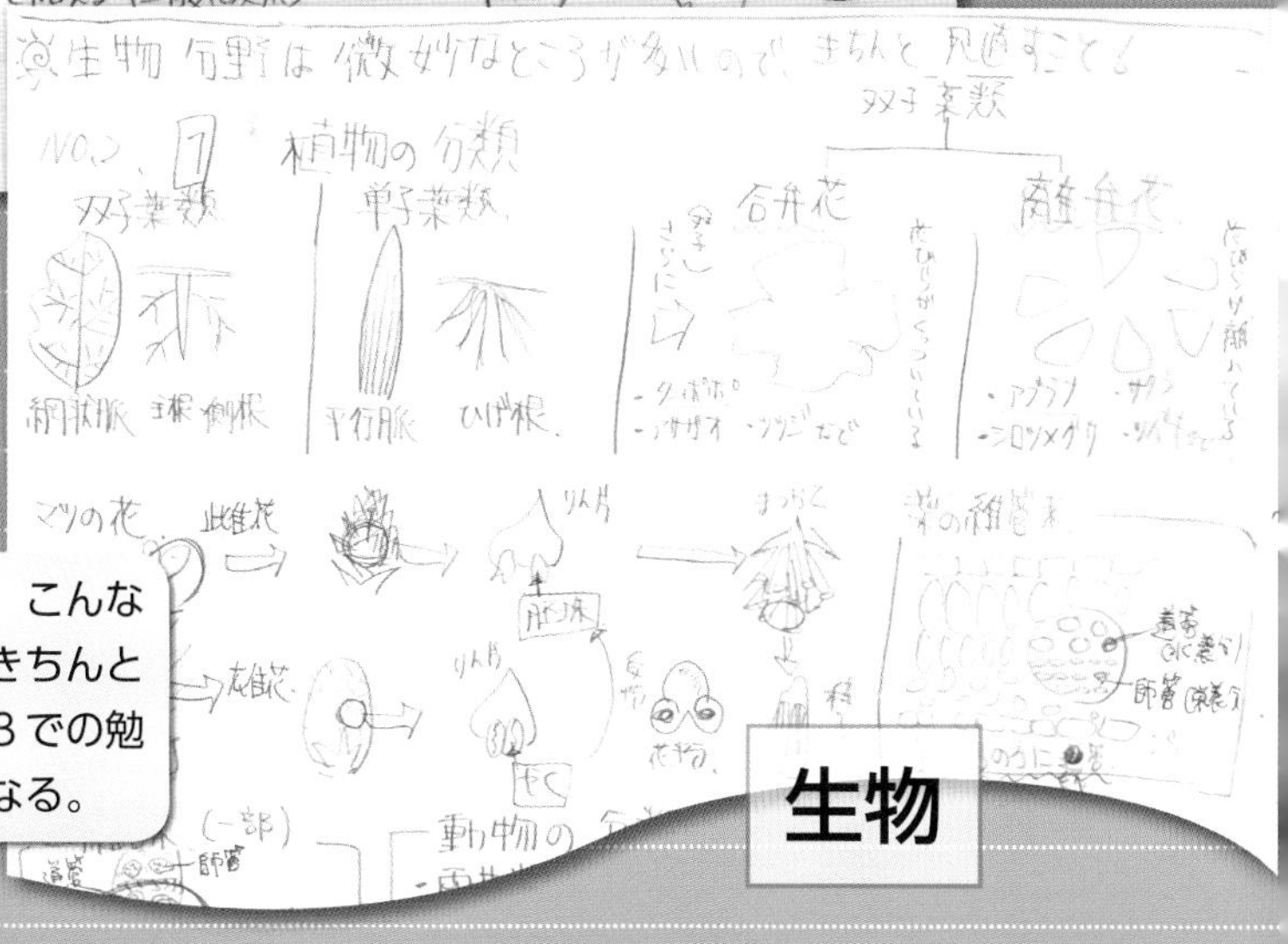

生物

中１の段階から、こんなまとめノートがきちんとできていると中３での勉強はぐっと楽になる。

POINT 36

自分の苦手を知ろう

ここがポイント

疑問点は夏休み中に解決しよう

受験勉強に出遅れた人は、何から始めたらいいだろうか。まず、これまで習ったことの整理をしよう。まとめノートができていない人は、まとめノートづくりから始めよう（ＰＯＩＮＴ37を参照）。

ひととおり復習ができたら、どこまで身についているかをチェックするために、問題集をこなそう。薄くて簡単にできそうなものがいい。ひととおり解いてみると、何が苦手かわかるだろう。苦手だと思った単元はわかるまで復習しよう。自分ひとりでは解決できないときは、先生に質問して、基本的な問題はすべて疑問をクリアしておこう。そこまでは夏休み中にすませておきたい。

物理や化学の計算問題は、解説を見ながらでいいので、解きながら理解するといいよ。

CHECK!

CHECK 1 今まで習ったことをまとめノートに整理しよう

CHECK 2 本当に理解できているか問題集でチェックしよう

CHECK 3 夏休み中に疑問点をクリアしよう

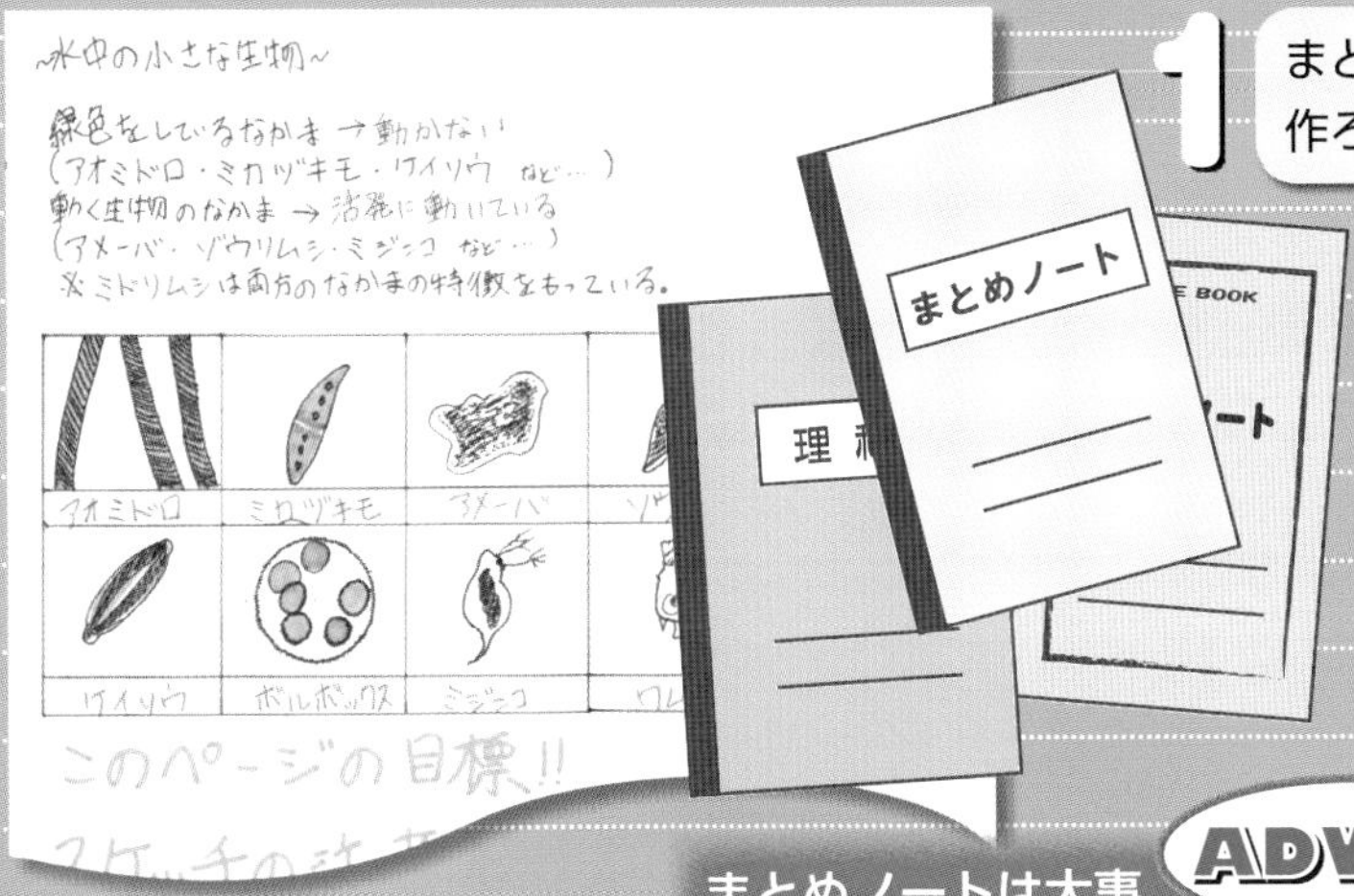

1 まとめノートを作ろう

まとめノートは大事なポイントだけをノートに書き出せばいい。あまり細かくまとめようとすると挫折するし、時間が足りなくなってしまうよ。

2 問題集で、自分の苦手なところをチェックする

3 できなかったことにしるしをつけて復習しよう

4 どうしてもわからないことは先生に質問して解決しよう

POINT 37

まとめノートの作り方

ここがポイント

図解でぱっと見てわかるように書こう

文章で説明するよりは、図を見てぱっとわかるようなノートを作ろう。機械的に教科書の図を丸写しするのではなく、自分で図の意味を理解して、キーワードを頭にたたき込みながら書いていく。

教科書や参考書の図を眺めてわかったつもりになっていても、案外頭に入っていないものだ。書くことが一番の勉強になる。

まとめノートが完成したら、それを何度も見て復習しよう。生物は暗記することが多いので、キーワードを赤字で書いておけば、暗記シートを使って、暗記用のノートとしても使える。

先生からのアドバイス

絵は上手でなくても大事なポイントや特徴がわかるように書かれていればいい。

CHECK!

CHECK 1 ポイントを図解でわかりやすく書こう

CHECK 2 教科書を丸写しではなく意味を理解しよう

CHECK 3 大事なことはカラーペンで強調しよう

good

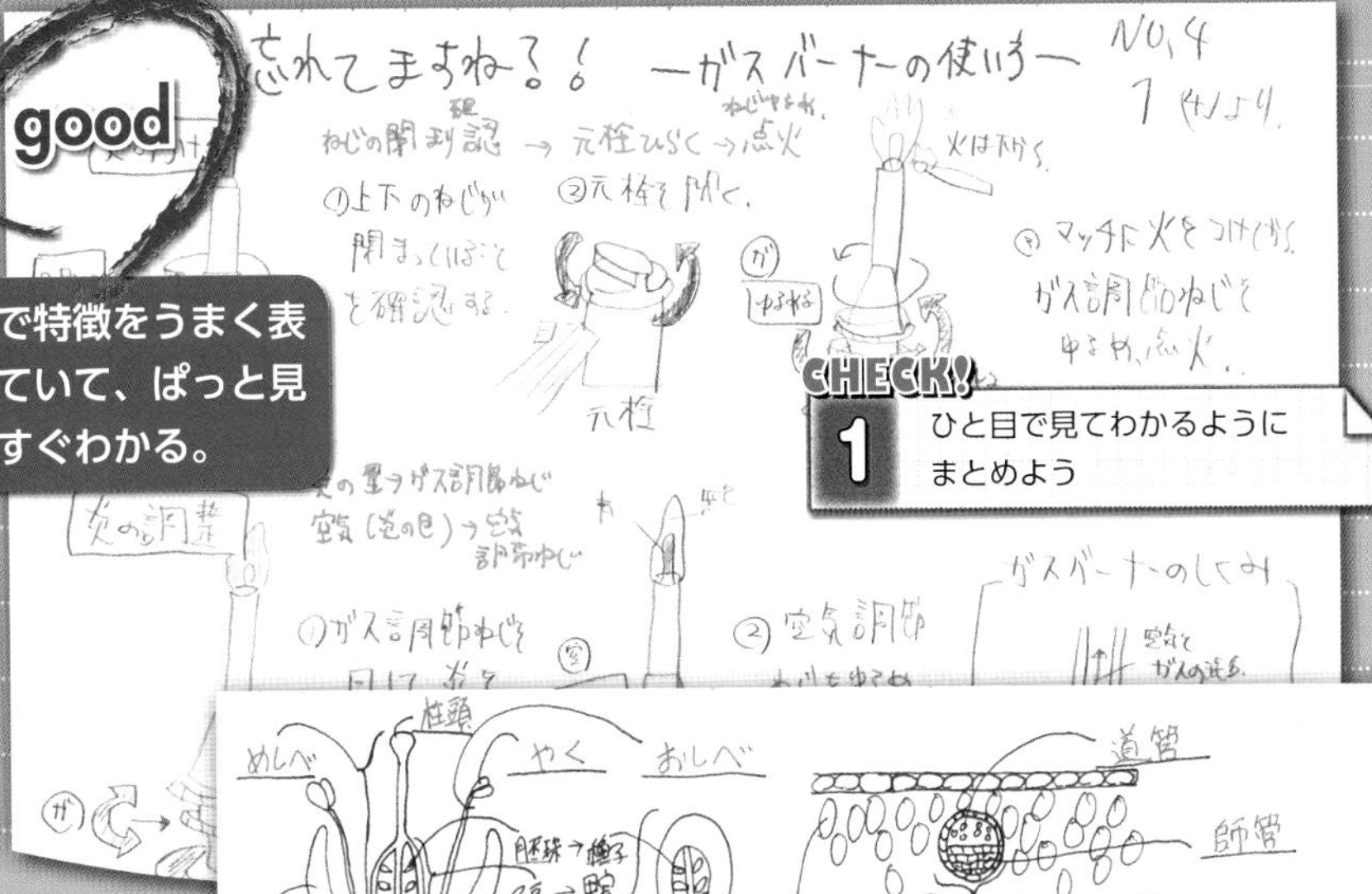

絵で特徴をうまく表していて、ぱっと見てすぐわかる。

CHECK! 1　ひと目で見てわかるようにまとめよう

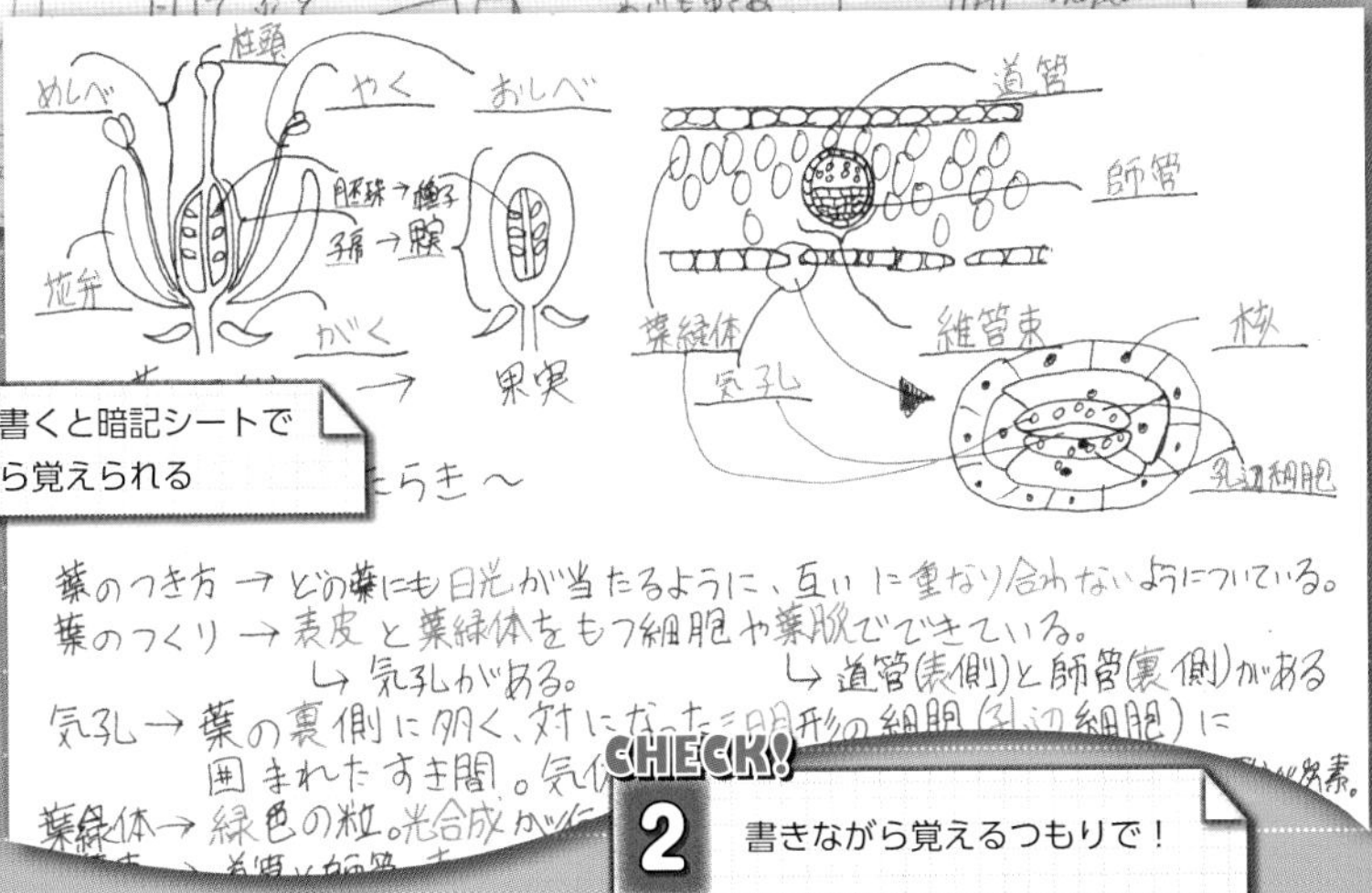

CHECK! 3　赤ペンで書くと暗記シートで隠しながら覚えられる

CHECK! 2　書きながら覚えるつもりで！

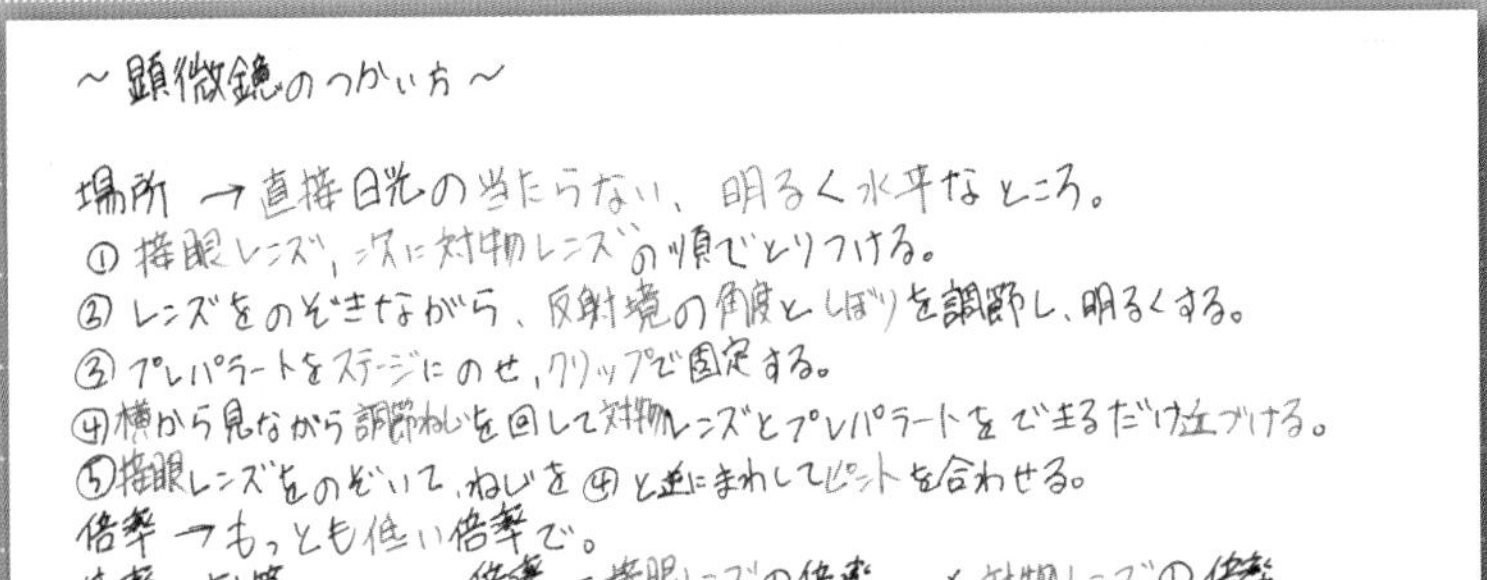

NG

文字だけで説明しているので、何が大事なのかがぱっと見ただけではわからない。

POINT 38

まとめノートをバージョンアップしよう

ここがポイント

新しく知ったことを書き加えよう

　すでにまとめノートができている人は、そのノートに、新しく知ったことを書き加えて、どんどんノートを充実させていくといい。関連情報が増えれば増えるほど、記憶も定着する。ノートは、最初から書き込みが入る前提で、余白をたっぷりとっておくといいだろう。

　中3から作るまとめノートには、すでにわかっていて、テストに出ても完璧に書けることをもう一度書く必要はない。うろ覚えで自信がないこと、初めて知ったことだけを書こう。

　関連情報をどんどん書き込んで、世界に一つだけの参考書を作ろう。

CHECK!

CHECK 1　ノートは余白をたっぷり取っておこう

CHECK 2　余白に新しく知ったことを書き加えよう

CHECK 3　発展的な内容も書き加えよう

CHECK! 1 びっしり書き込まずあとから書き込めるように余白を取って

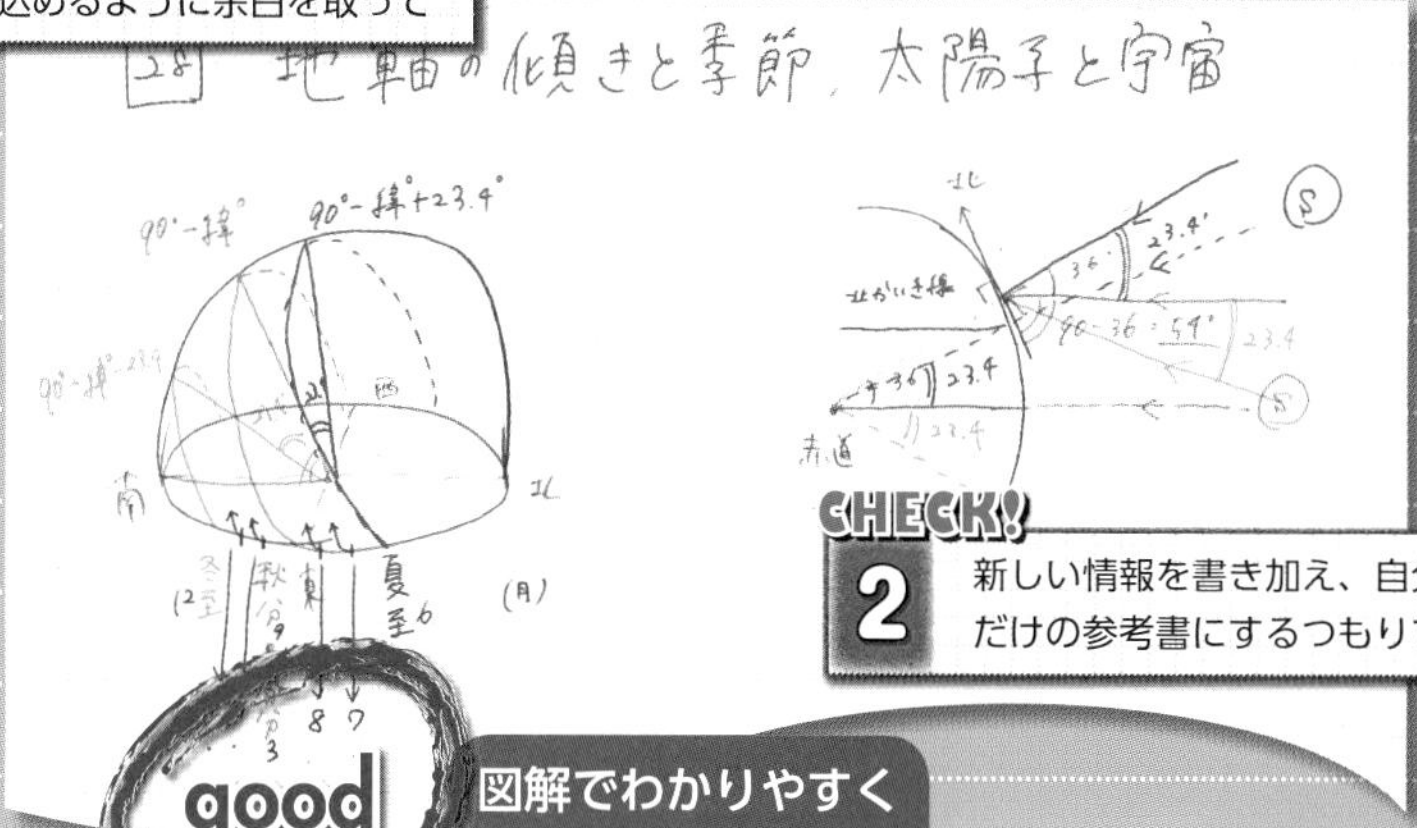

CHECK! 2 新しい情報を書き加え、自分だけの参考書にするつもりで

good 図解でわかりやすく書いているね！

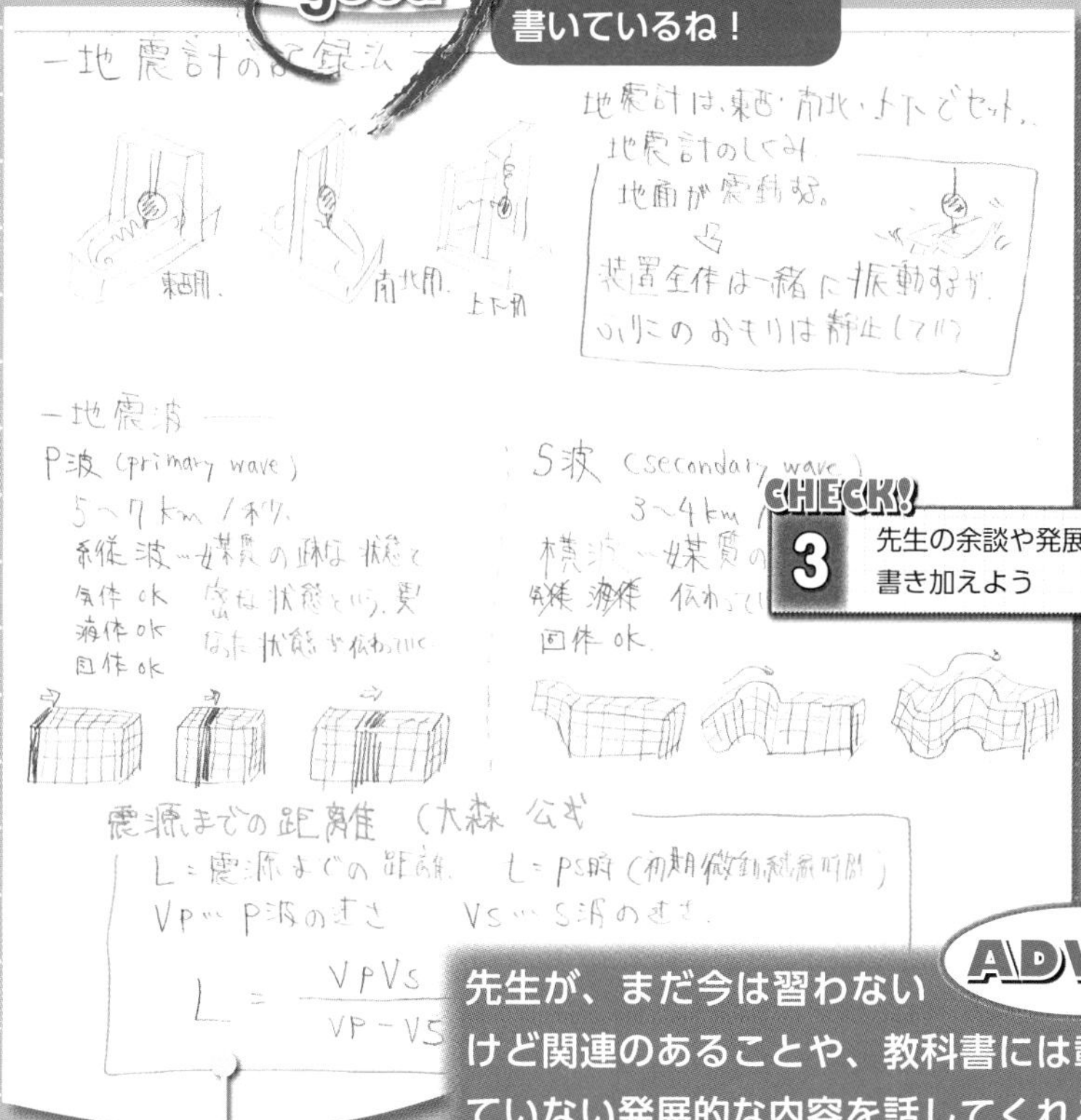

CHECK! 3 先生の余談や発展的な内容も書き加えよう

公式は枠で囲っておくと、あとで探すときもわかりやすい。

ADVICE

先生が、まだ今は習わないけど関連のあることや、教科書には載っていない発展的な内容を話してくれることがある。ちょっと難しくてもメモしておこう。あとになって、ああ、あのことか！と思うときがくるはずだよ。

POINT 39

解き直し&まとめノートを作ろう

ここがポイント
不安なところはついでにまとめておこう

他の教科もそうだが、間違ったところだけ、もう一度解きな直すおすための専用ノートを用意しよう。間違いを直すだけでなく、記憶のあやふやなところもいっしょにまとめておこう。

中3の段階で一からまとめノートを作る時間がないという人は、解き直しノートがまとめノートを兼ねてもかまわない。このとき「自分はここで間違った」という間違った理由を書いておく。書くことで、二度と同じ間違いをしない、ということが心に刻みつけられるからだ。

理科に割ける時間はあまりない。テスト直しのときに、うろ覚えのところはいっしょにまとめておこう。

CHECK!

CHECK 1　解き直し専用のノートを作ろう

CHECK 2　重要ポイントもいっしょにまとめておこう

CHECK 3　二度と間違えないように間違った理由を書いておこう

何のテストかわかるように番号を書いておく。

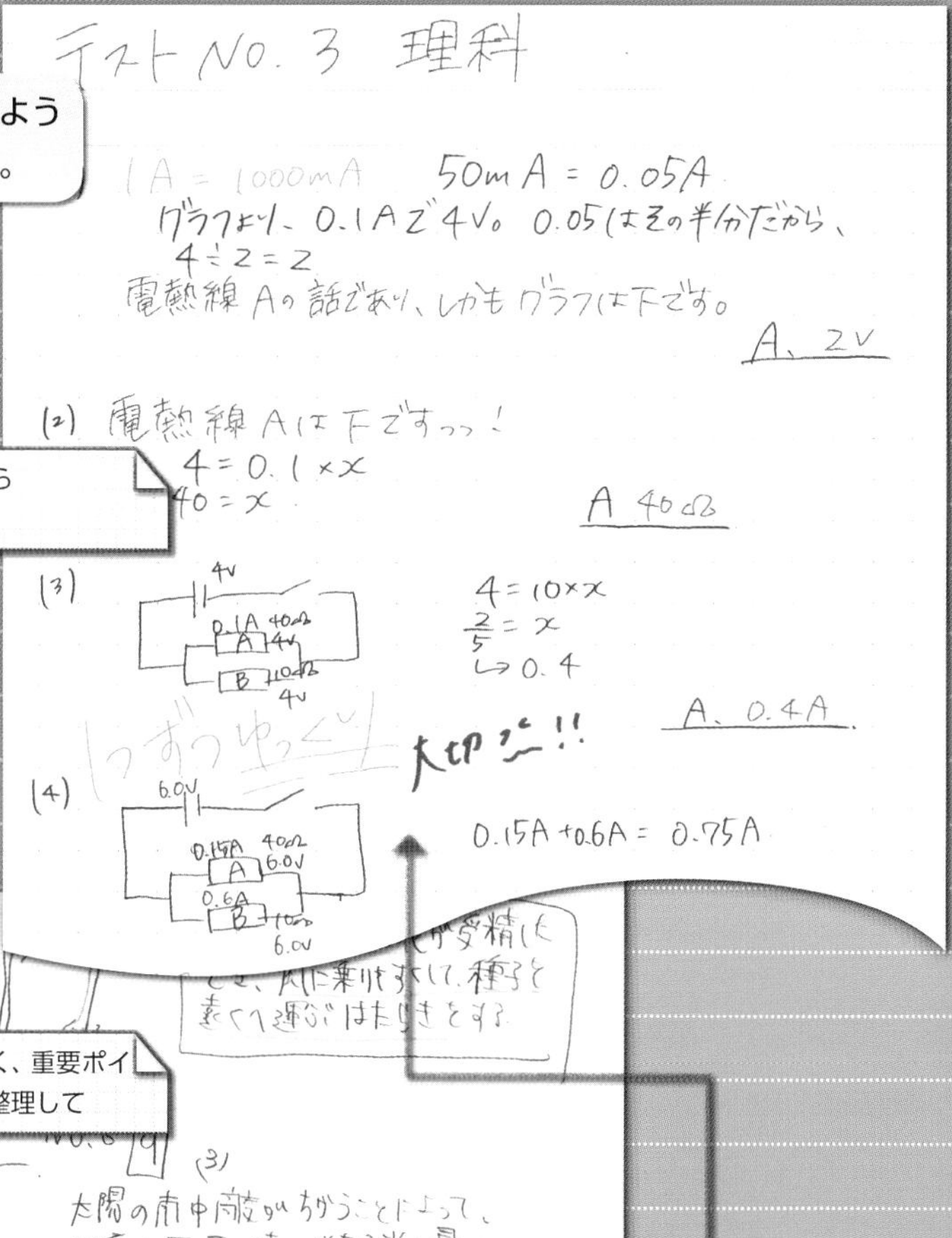

CHECK!
1 解き直しをしながら復習もしよう！

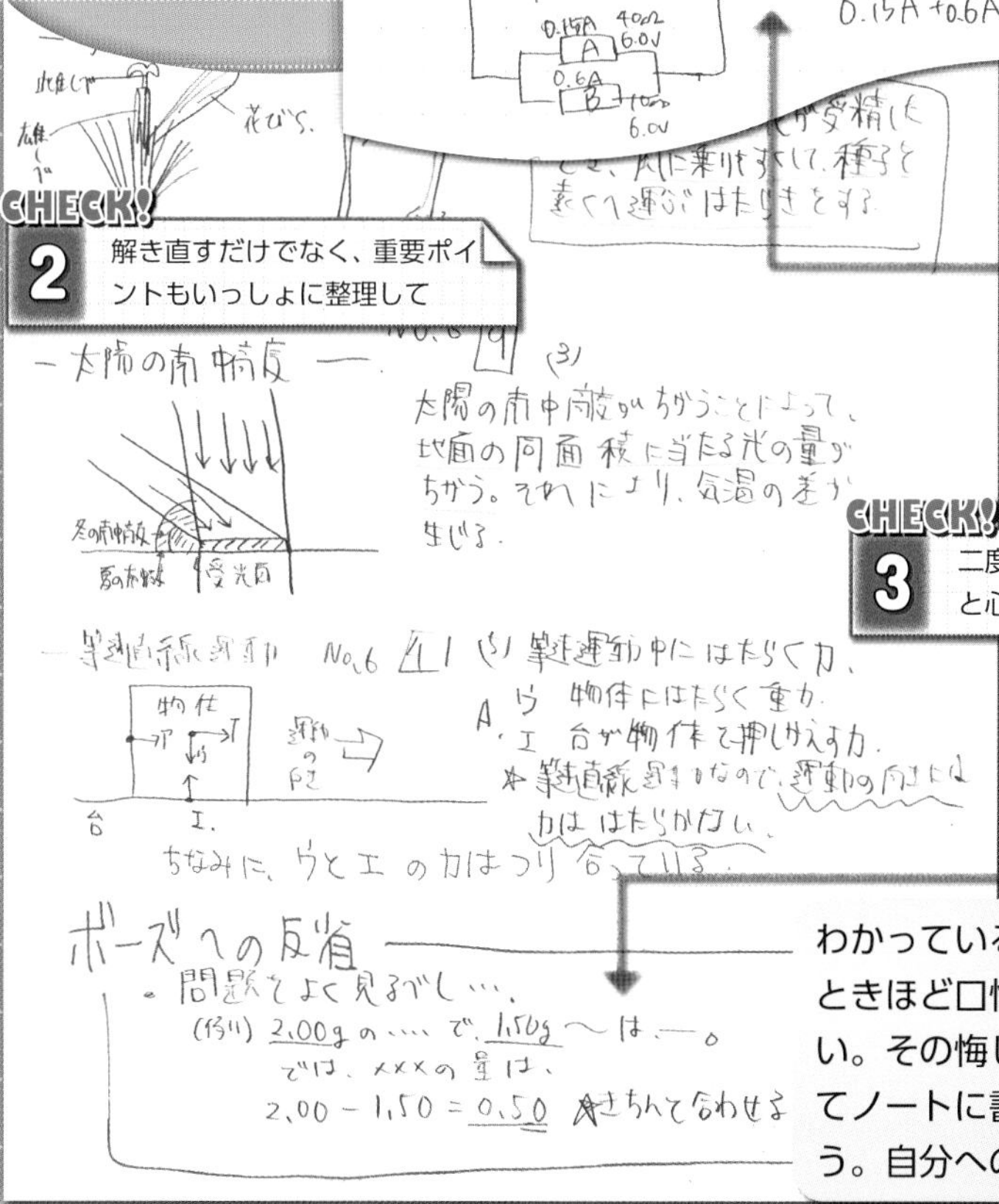

CHECK!
2 解き直すだけでなく、重要ポイントもいっしょに整理して

CHECK!
3 二度と間違えないぞ、と心に刻みつけよう

わかっているのに間違ったときほど口惜しいことはない。その悔しさを教訓としてノートに書きつけておこう。自分への戒めになる。

POINT 40

実験・観察記録で「書く」力をアップ

ここがポイント

手順を書き起こすことが記述力につながる

学習指導要領が新しくなり、実験や観察の結果を問うだけでなく、途中経過を記述させる問題が増えている。対策としては、ふだんの授業で実験や観察をするときに、手順や経過、結果をきちんと記録することを習慣にしよう。

先生からも、実験記録を書くように指導されるはずだ。このときに、1、2行書いてすませるのではなく、なにをどうしたら、どうなった、途中でこんなことがおこった、と順を追ってなるべく詳しく文章に書き起こそう。この繰り返しで記述力がアップしていく。高校に入ってレポートを書く課題が増えるが、その土台づくりにもなる。

先生からのアドバイス

実験器具の名前や使い方はただ丸暗記するより、実際に使いながら覚えよう。

CHECK!

CHECK 1 実験・観察の授業は積極的に参加しよう

CHECK 2 結果だけでなく途中経過をしっかり見よう

CHECK 3 観察したことを言葉でわかりやすく記述しよう

CHECK!

1 実験・観察の手順を授業のときにしっかり見ておこう

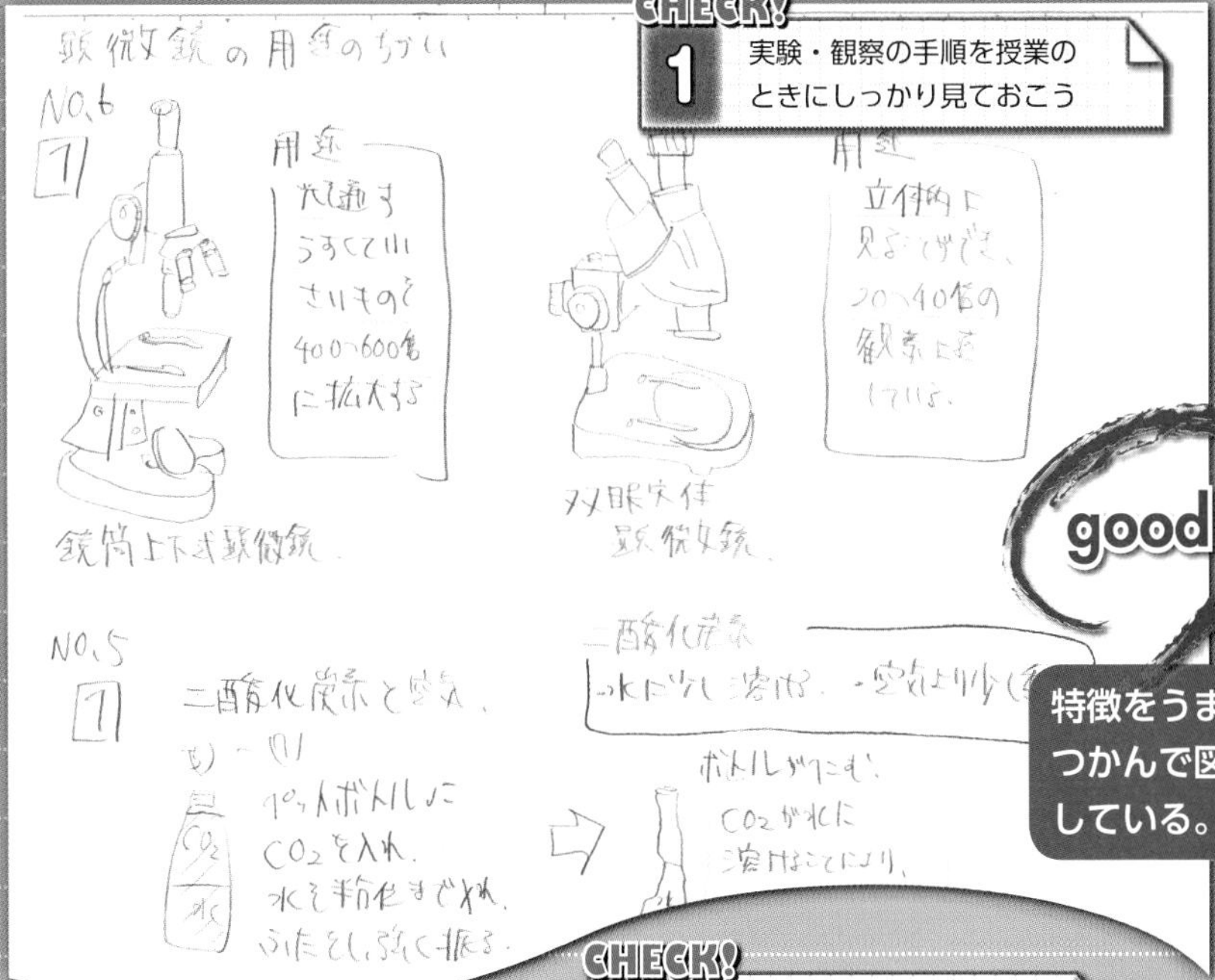

good

特徴をうまくつかんで図にしている。

実験の手順も文章でまとめておこう。

CHECK!

2 何がどうなったか、変化や発見を楽しもう

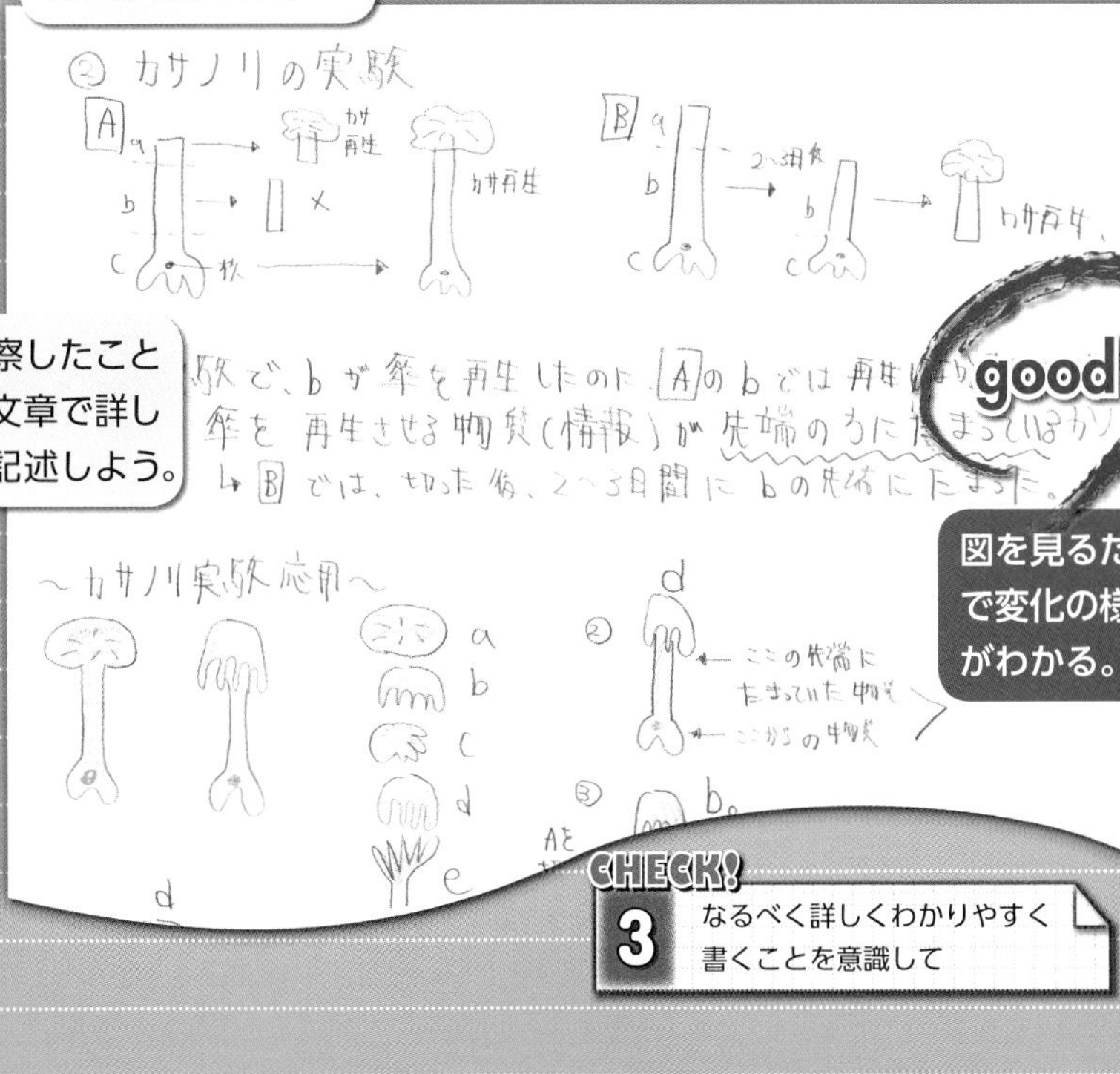

観察したことを文章で詳しく記述しよう。

good

図を見るだけで変化の様子がわかる。

CHECK!

3 なるべく詳しくわかりやすく書くことを意識して

POINT 41

抽象的な概念を具体的に図式化する

ここがポイント

物理が苦手な人は具体例で考えよう

理科の中でも物理を苦手とする人が多いのではないだろうか。電気、力など、目に見えないことの原理（抽象概念）を扱うことがわかりにくさの原因だろう。いきなり原理や公式を丸暗記するのではなく、なぜそうなるのか、図解で目に見える形にしてみよう。先生によっては、身近な現象を例にあげて説明をしてくれるだろう。そういうときは、単なる雑談だと聞き流さず、その話もメモしておこう。

公式を丸暗記したのでは、公式を忘れてしまったらお手上げだ。「なぜそうなるか」がわかっていれば、公式などなくても答えは導き出せるのだ。

先生からのアドバイス

身の回りのほとんどの電気製品は物理の原理を利用してできている。物理が苦手な人は、身近なことにつなげて考えると興味がわいてくるよ。

CHECK!

CHECK 1 原理を図解にしてみよう

CHECK 2 納得してから公式を覚えよう

CHECK 3 身近な生活とつなげて考えてみよう

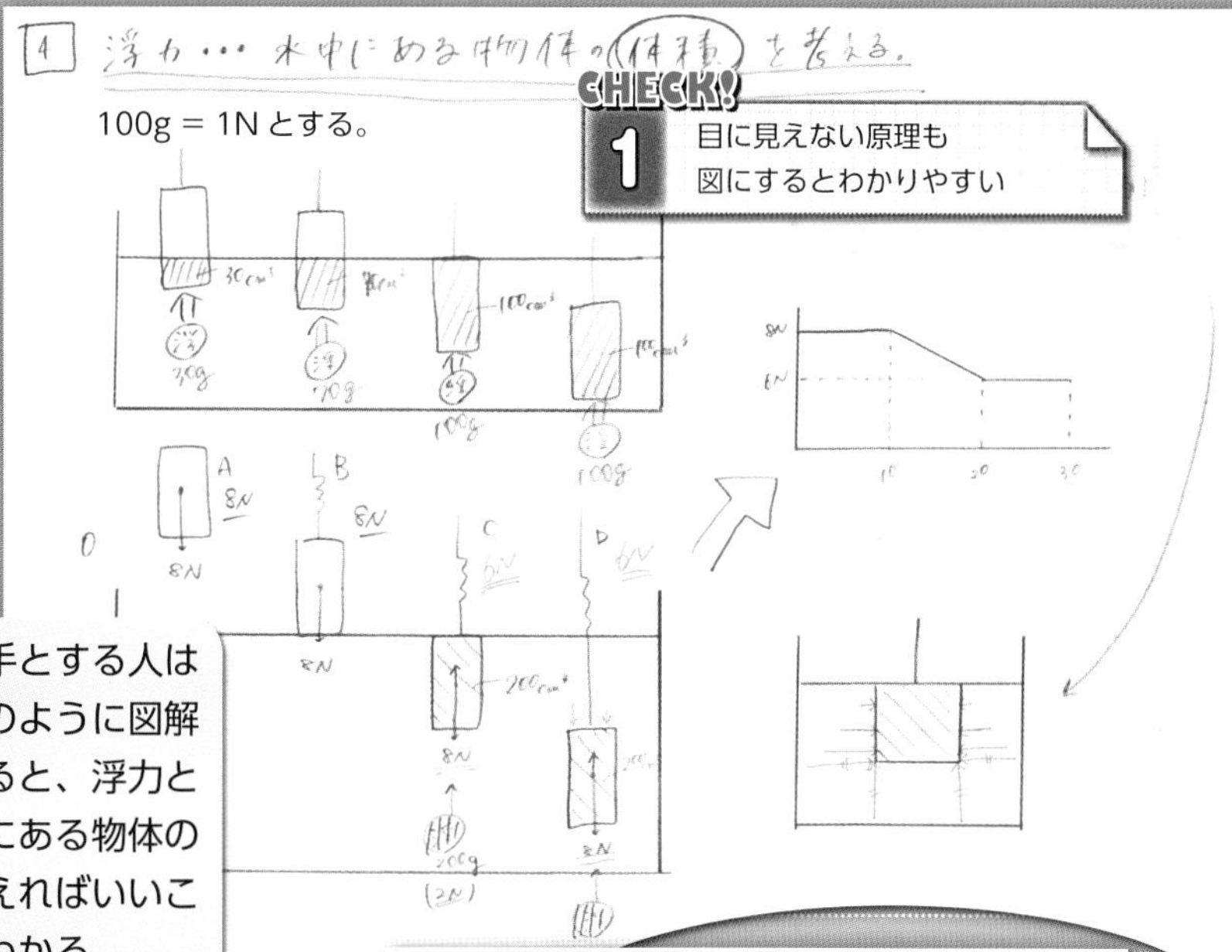

CHECK! 1
目に見えない原理も
図にするとわかりやすい

浮力を苦手とする人は多い。このように図解にしてみると、浮力とは、水中にある物体の体積で考えればいいことがよくわかる。

CHECK! 2
公式を丸暗記するだけでは
忘れたときにお手上げだ

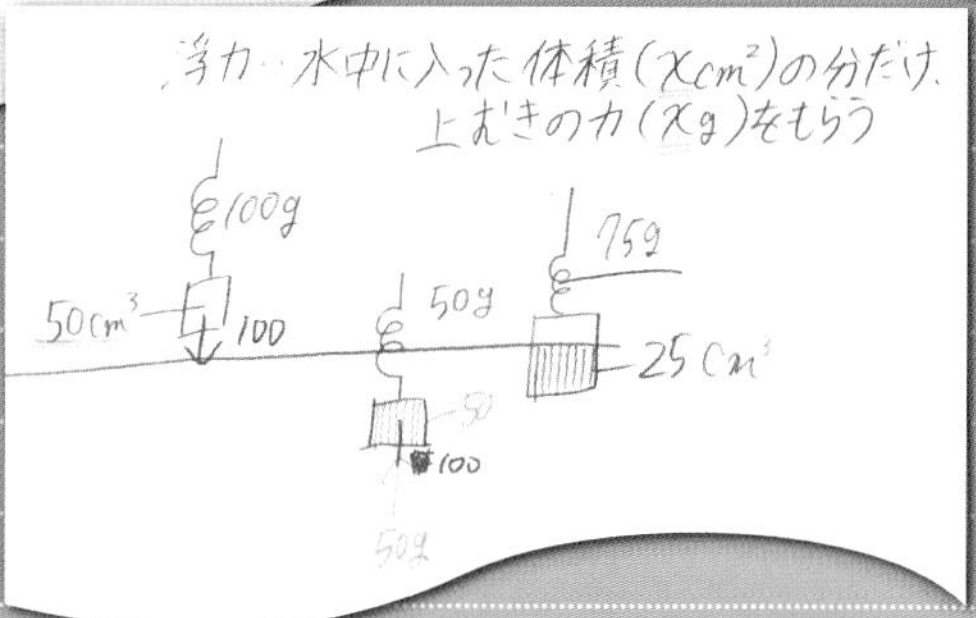

CHECK! 3
苦手でも身近な生活との関連が
わかると興味がわいてくる

紅組100人と青組100人が綱引きをしてつり合っているときの張力を100とする。

では100人で棒にくくりつけられた綱を引っ張ってつり合っているときの張力は？

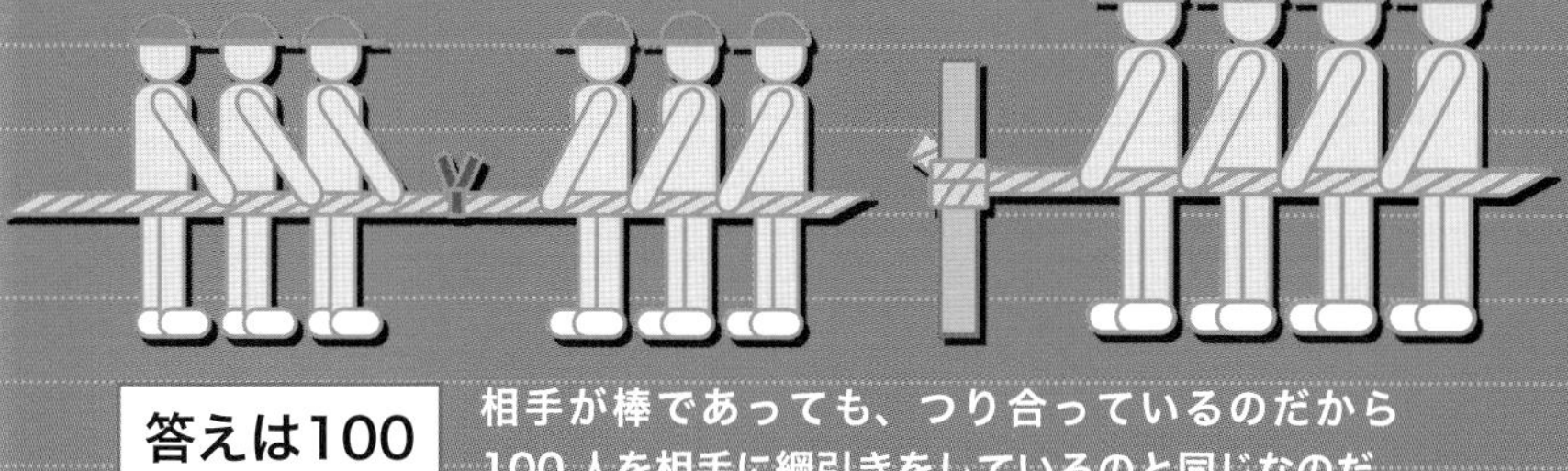

答えは100

相手が棒であっても、つり合っているのだから100人を相手に綱引きをしているのと同じなのだ。

POINT 42

前に習ったことも関連付けてノートを取る

ここがポイント
関係のあることはまとめて覚えよう

関連した内容の単元を、学年を分けて授業で習う場合、まとめノートでは一つにまとめておくといい。たとえば、地学の岩石の単元は、中1で堆積岩を、中2で火成岩を習うはずだ。中2で、火成岩を習って、まとめノートを作るときに、堆積岩のことも復習を兼ねていっしょにまとめておく。

ほかの単元でも同じ。前に関係のあることを習った、と思ったら、面倒がらずに、いっしょにまとめておこう。なぜなら、模擬テストや入試の問題は、きっちり単元ごとに分けて出題されることはないからだ。

先生からのアドバイス

授業で、「あれ？これと似たこと前にもやらなかったっけ」と思ったら、前の教科書を引っ張り出して、いっしょに復習してしまおう。

CHECK!

CHECK 1 前に習ったことも ついでに復習しよう

CHECK 2 関連のあることは いっしょにまとめよう

CHECK 3 図解でわかりやすくまとめよう

火成岩も堆積岩も岩石の仲間だということがひと目でわかるね。

CHECK! 1
習ったのに忘れていることはついでに復習しておこう

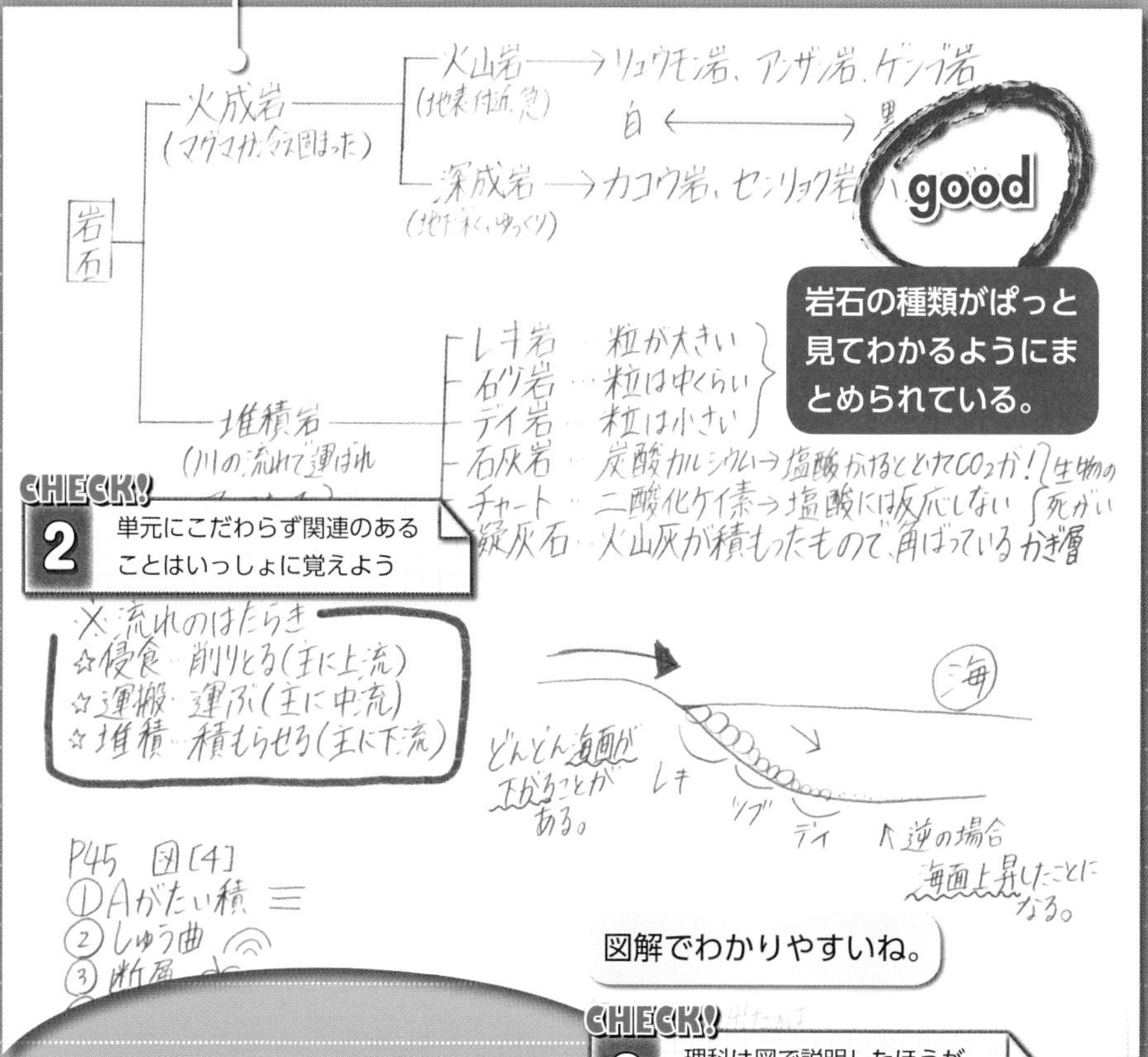

good

岩石の種類がぱっと見てわかるようにまとめられている。

CHECK! 2
単元にこだわらず関連のあることはいっしょに覚えよう

図解でわかりやすいね。

CHECK! 3
理科は図で説明したほうがわかりやすいことが多い

ADVICE

ついで学習を習慣にすると、細切れだった知識と知識がつながって理解が深まる。電気では、次のページのように「オームの法則」を中1で、「電力・熱量」を中2で、「仕事とエネルギー」を中3で学ぶ。どれも電気の話だからいっしょにまとめておくといい。そのほうが理解しやすいよ。

GOOD例 「まとめノート」の場合

〈電力・熱量〉

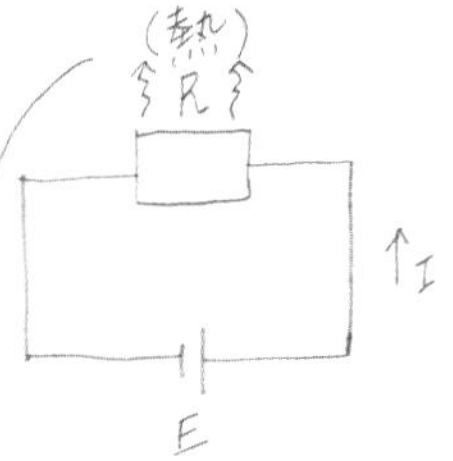

○光っている電球は「熱」を持っている → 発熱する

※他にも「光」や「音」などもある

電力 P(W) = 電圧 E(V) × 電流 I(A) …$P = I \cdot R \cdot I$ …$P = E \cdot \frac{E}{R}$

これを求めるときに「オームの法則」を用いることあり！

※電力は積で計算するので電圧が大きいほど(電流が大きいほど)大きくなる。

電流を流し続ける(電圧をかけ続ける)と発熱する。

→この発熱する熱の量を「熱量」という。(単位：J)

熱量 Q(J) = 電力 P(W) × 時間 t(s)

⇑

$E \times I$

or $I \times R \times I$

or $E \times \frac{E}{R}$

この公式をオームの法則を使って書きなおすとこうなるよ。

good

発展的な問題にもチャレンジしている。

発展

熱量はcalも使われる！ $1\,cal \fallingdotseq 4.2\,J$、$0.24\,cal \fallingdotseq 1\,J$

さらに発展！

右図のQの求め方

$Q = 0.24 \times I \times E \times t$

$= 0.24 \times I^2 \times R \times t$

$= 0.24 \times \frac{E^2}{R} \times t$

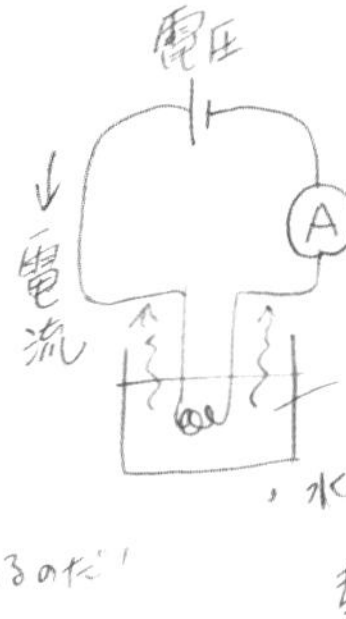

，水温は上昇する
〃
熱量Qが発生

さらに!!

$Q = 1$ × 水の質量 × 温度変化 もあるのだ！
(係数)　(g)　(℃)

これも覚えて→ $0.24 \times I \times E \times t = 1 \times$ 水の質量 × 温度変化

中1で習ったオームの法則を復習するときに、中2で習った「電力・熱量」、中3で習う「仕事とエネルギー」もいっしょにまとめてしまおう。

〈オームの法則〉

(回路図)

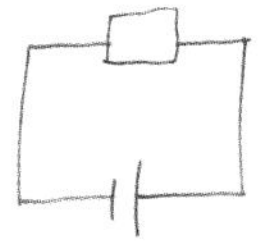

E = R × I (オームの法則)

(直列回路)

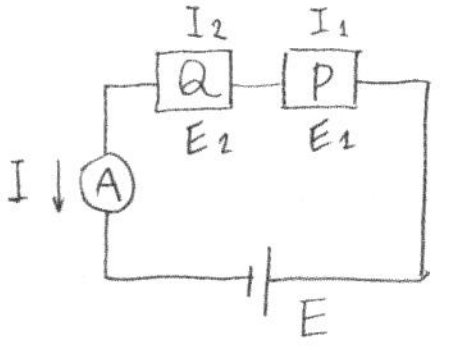

(並列回路)

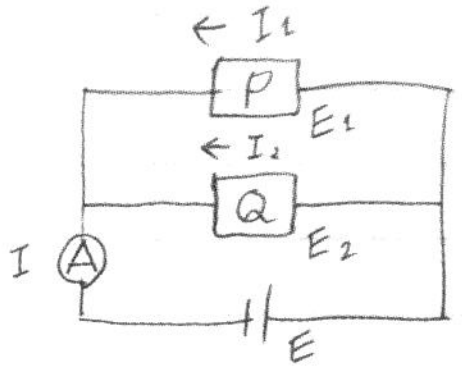

- ○ 電流の流れ道は1本（どこも同じ電流）
- ○ 抵抗が2つだと全抵抗は和(P+Q)
- ○ Pを通すための力(電圧)とQを通すための力(電圧)の和が電源の電圧

$I = I_1 = I_2$

$E = E_1 + E_2$

- ○ 電流の流れ道は2本（P用 & Q用）
- ○ 抵抗は別々に存在する
- ○ Pを通すための力(電圧)とQを通すための力(電圧)は同じ。

$I = I_1 + I_2$

$E = E_1 = E_2$

good

カラーペンや囲みを使って大事なポイントをわかりやすくまとめている。

中2～中3で習う「仕事とエネルギー」の内容も、前に習ったことを思い出して、関連付けながらまとめよう。

GOOD例 「まとめノート」の場合

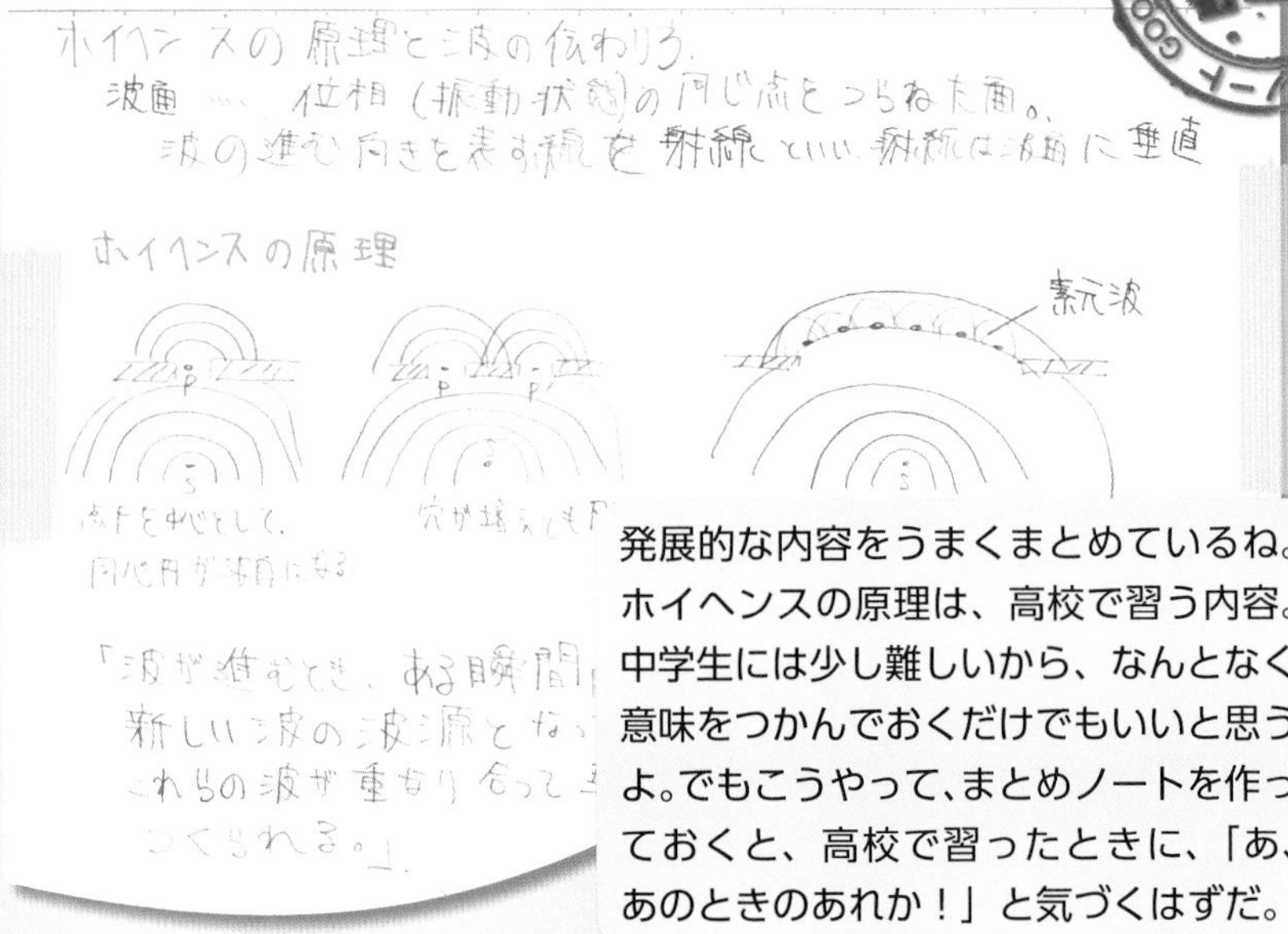

発展的な内容をうまくまとめているね。ホイヘンスの原理は、高校で習う内容。中学生には少し難しいから、なんとなく意味をつかんでおくだけでもいいと思うよ。でもこうやって、まとめノートを作っておくと、高校で習ったときに、「あ、あのときのあれか！」と気づくはずだ。

GOOD例 「解き直しノート」の場合

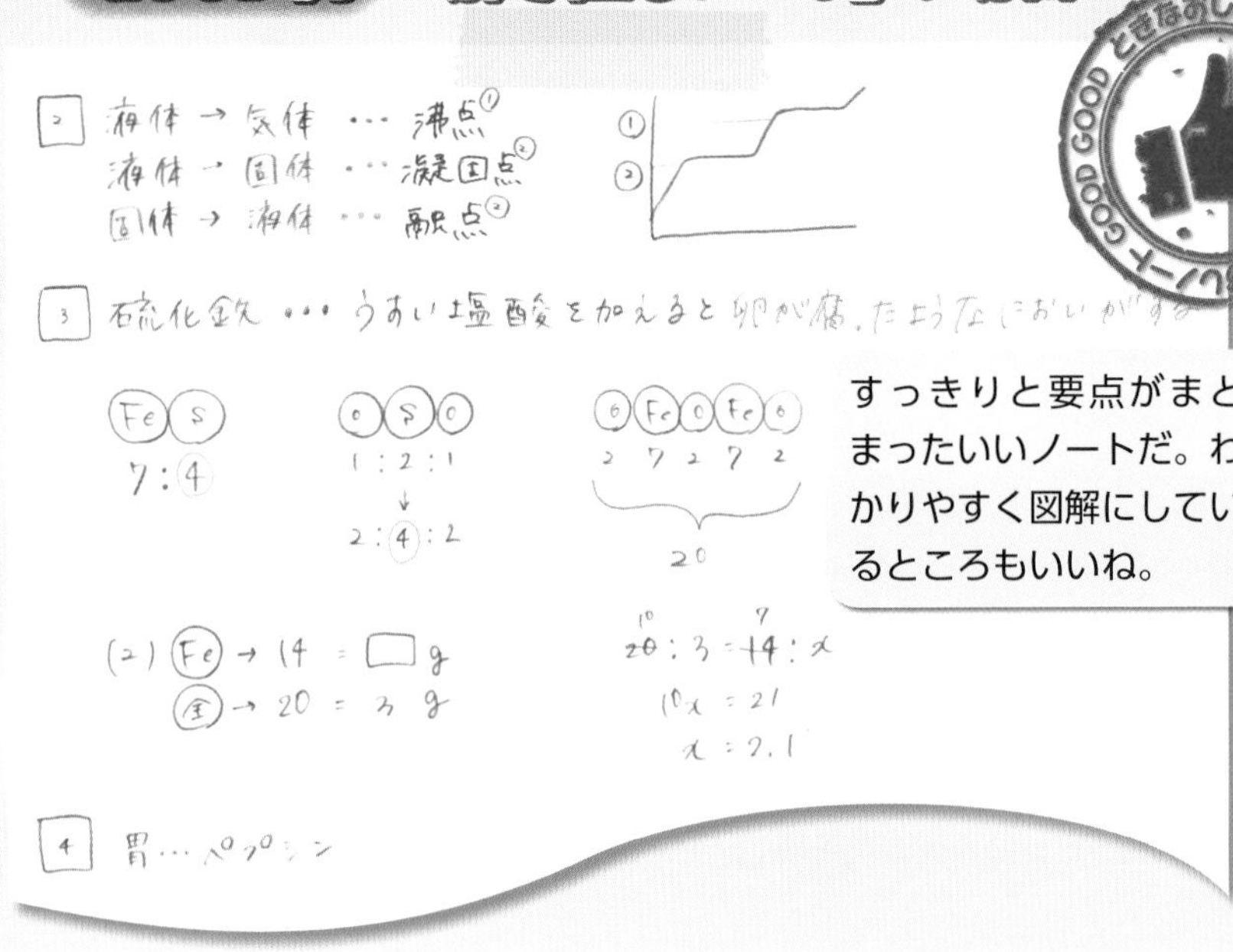

すっきりと要点がまとまったいいノートだ。わかりやすく図解にしているところもいいね。

教科別合格ノートの作り方

社会編

社会科は、他の教科に比べて圧倒的に覚えなければならないことが多い。しかし、ただ年代や用語を丸暗記したのでは、入試で得点することは難しい。最近の試験の傾向として、単純な穴埋め問題が減り、時代背景を問う問題や、できごとを時代順に並べる、与えられた用語を使ってできごとを記述させるといった問題が増えている。また、分野を超えた融合問題も毎年出ている。丸暗記ではなく、全体の流れや関連性を意識しながら用語を覚えることが重要だ。ノートも全体の流れを意識してまとめよう。

POINT 43

社会の勉強法

ここがポイント

暗記よりも全体の流れを把握しよう

社会は暗記科目と思っている人もいるかもしれないが、それは違う。歴史であれば、あるできごとについて、その名称と意味を知っているだけでなく、なぜそれが起こったのか（原因）その後、どんな変化があったのか（結果）まで通して理解しよう。地理であれば、ある地域の地形が気候にどんな影響を与えるか、それはその地域の農産物や産業とどう関係しているかまで考えよう。公民では、憲法や経済の仕組みなど、一見難しそうだが、自分の生活とどう関わっているかを意識すると興味がわいてくるはずだ。用語だけを丸暗記するよりも、流れや関係性を理解したほうが、楽しいしラクに覚えられる。

先生からのアドバイス

最近の入試問題でも、穴埋め問題で用語だけを問う問題は減って、全体の流れを知らなければ答えられないような問題が増えているよ。

CHECK!

CHECK 1 用語だけ暗記するのはやめよう

CHECK 2 全体の流れを把握しよう

CHECK 3 身近な問題との関連性を意識しよう

CHECK! 1 用語だけ暗記しても答えられない問題が増えているよ

good

地形、気候、農業、産業、宗教、歴史などが地図とともに、一覧できるようにまとめられていてわかりやすい。

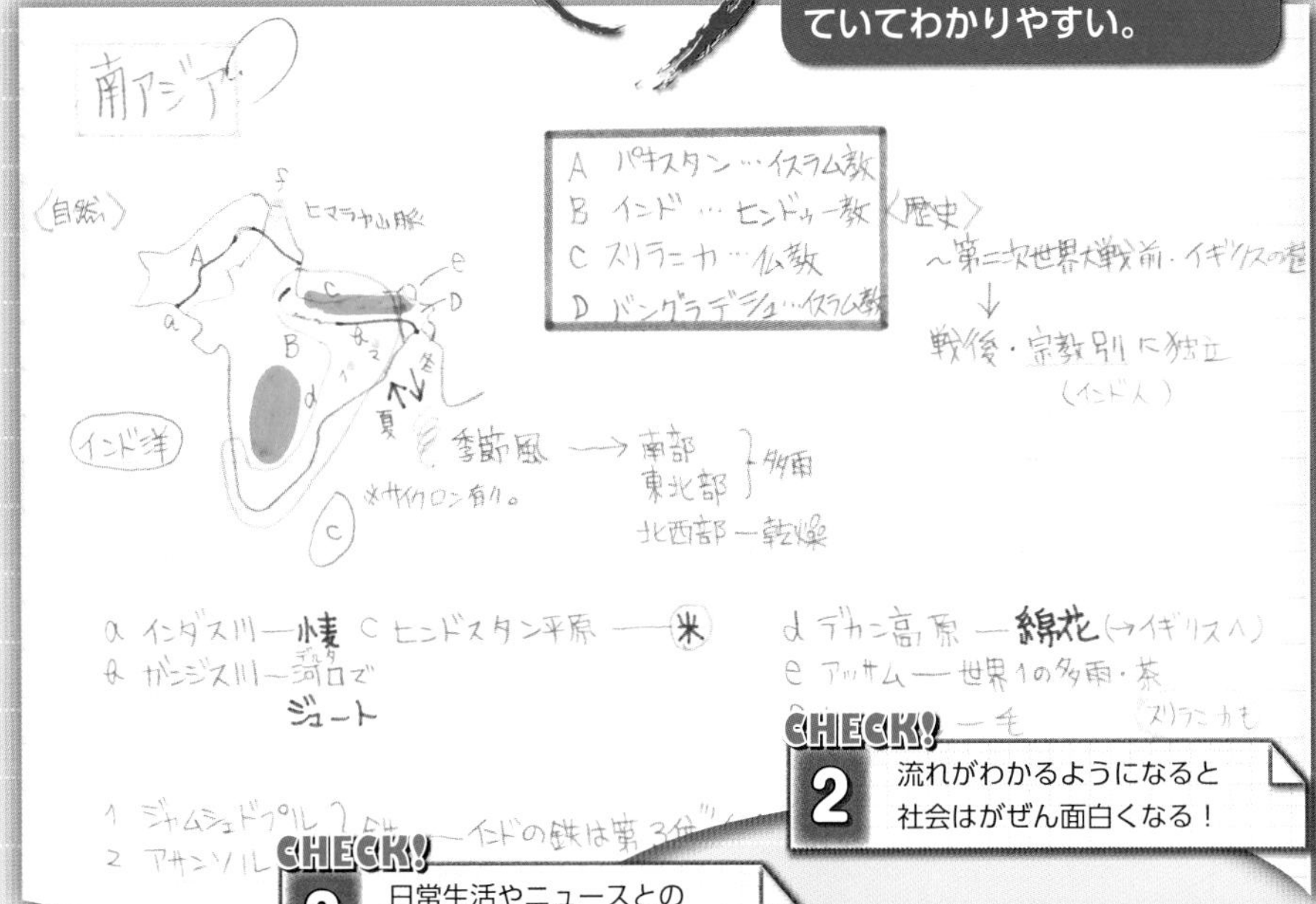
南アジア

〈自然〉 ヒマラヤ山脈

A B C D a b c d e

インド洋

夏 季節風 → 南部 東北部 } 多雨

北西部 ― 乾燥

※サイクロン有り。

A パキスタン…イスラム教
B インド…ヒンドゥー教
C スリランカ…仏教
D バングラデシュ…イスラム教

〈歴史〉
〜第二次世界大戦前・イギリスの植
↓
戦後・宗教別に独立
（インド人）

a インダス川―小麦 c ヒンドスタン平原 ――米 d デカン高原 ―綿花（→イギリスへ）
b ガンジス川―河口《デルタ》で
ジュート
e アッサム ― 世界1の多雨・茶
―毛 スリランカも

1 ジャムシェドプル
2 アサンソル
―インドの鉄は第3位

CHECK! 2 流れがわかるようになると社会はがぜん面白くなる！

CHECK! 3 日常生活やニュースとの関連を意識すると面白いよ

NG

苦労して教科書を写したのはわかるが、何が大事なのか、ポイントがパッと見てわからない。イメージがわかないので、文章を読んで丸暗記するしかない。

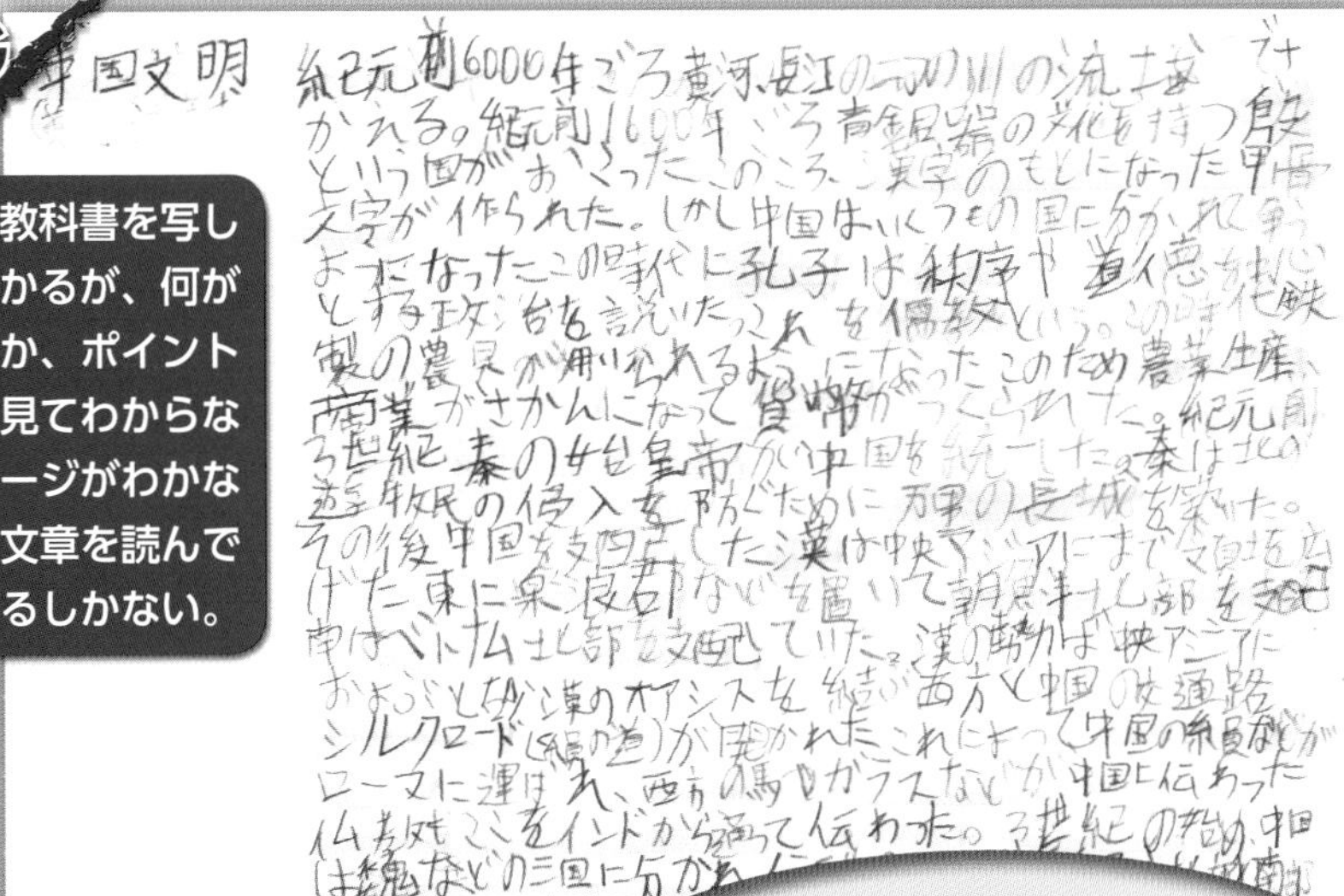
中国文明

紀元前6000年ごろ黄河、長江の二つの川の流域で農耕がお
かれる。紀元前1600年ごろ青銅器の文化を持つ殷
という国がおこった。このころ漢字のもとになった甲骨
文字が作られた。しかし中国はいくつもの国に分かれて争う
ようになった。この時代に孔子は秩序や道徳を中心
とする政治を説いた。これを儒教という。この時代に鉄
製の農具が用いられるようになった。このため農業生産、
商業がさかんになって貨幣がつくられた。紀元前
3世紀、秦の始皇帝が中国を統一した。秦は北の
遊牧民の侵入を防ぐために万里の長城を築いた。
その後中国を支配した漢は中央アジアにまで領土を広
げた。東に楽浪郡などを置いて朝鮮半島北部を支配し
南はベトナム北部を支配していた。漢の勢力は中央アジアに
およぶと各地のオアシスを結ぶ西方と中国の交通路
シルクロード（絹の道）が開かれた。これによって中国の絹などが
ローマに運ばれ、西方の馬やガラスなどが中国に伝わった
仏教もここをインドから通って伝わった。3世紀の始め中国
は魏などの三国に分かれ
の国々に分かれた

POINT 44

ここがポイント

社会科で必要なノート

まとめノートを作ろう

　ノートは、授業ノートのほかに、まとめノート、模試や過去問などの解き直しノートを用意しよう。まとめノートは、できごとの流れや関連性がわかるようにまとめよう。歴史は、暗記ものだと思わず、古代からの壮大な物語だと思えば楽しくなるよ。

　単語カードや、一問一答ノートといった、暗記用のノートを用意する人もいるかもしれないが、まとめノートを作るとき、重要なキーワードを赤ペンで書いておけば、暗記シートで隠しながら覚えられるので、わざわざ暗記専用のノートは作らなくていい。むしろ、流れの中で用語を覚えたほうが、理解しやすいし、頭に入るだろう。

　歴史は繰り返すという通り、現代と似たことが過去にも起こっている。逆に考えれば、過去を知ることで未来を予測することもできるんだよ。

CHECK!

CHECK 1　まとめノートと解き直しノートは必須

CHECK 2　用語ではなく流れを覚えよう

CHECK 3　暗記専用のノートはなくていい

POINT 45

まとめノートは中1から

ここがポイント
中3からの勉強の土台となる

中1のときから、授業で習ったことはその日のうちに「まとめノート」に整理しておくことが望ましい。それが難しくても、せめて定期テストごとに作っておいてほしい。それが、中3になってこれまでの総復習をするときの土台になる。

そのノートに、新しく知ったことを書き加え、どんどん自分流にバージョンアップして、受験当日にはそのノート一冊もっていけば大丈夫、というくらいになっているのが理想だ。

これまで勉強をさぼってきたというキミも、どんなに遅くても中3の夏休み中に、ざっとまとめよう。

先生からのアドバイス

社会科は、私立高校では試験科目に入っていない場合も多いから、主要3科目に比べ、あまり時間をかけられない。早めに復習をすませておこう。

CHECK!

CHECK 1 まとめノートはその日のうちに書こう

CHECK 2 大事なことはまとめノート1冊に集約しよう

CHECK 3 書き加えてバージョンアップしよう

POINT 46

ここがポイント

歴史は、時代の流れがわかるようにまとめる

理解と記憶を助ける

まとめノートをつくるときは、時代の流れが目で追ってイメージできるようにまとめよう。

たとえば、「明治維新」であれば、教科書の中の用語にマーカーで線を引いて満足するだけでなく、その前後に何があったかも読み取ろう。そのできごとはなぜおこったのか、その後、世の中にどんな影響を与えたのか、ストーリーをイメージしながらノートにまとめていこう。

キーワードだけを丸暗記するよりもずっと覚えやすいはずだ。

先生からのアドバイス

キーワードだけを丸暗記する勉強はつまらないし、苦労するわりに覚えられない。流れを理解した方が楽しいし覚えやすい。

CHECK!

CHECK 1 原因→できごと→結果の流れがわかるように

CHECK 2 →や図解、カラーペンを活用してわかりやすく

CHECK 3 用語だけ羅列しない

good

左にキーポイントとなるできごと、右隣に、その内容、下向きの矢印で、その後の影響が書かれていて、流れがわかりやすい。

CHECK! 1 できごととできごとの関連や影響がわかるように書こう

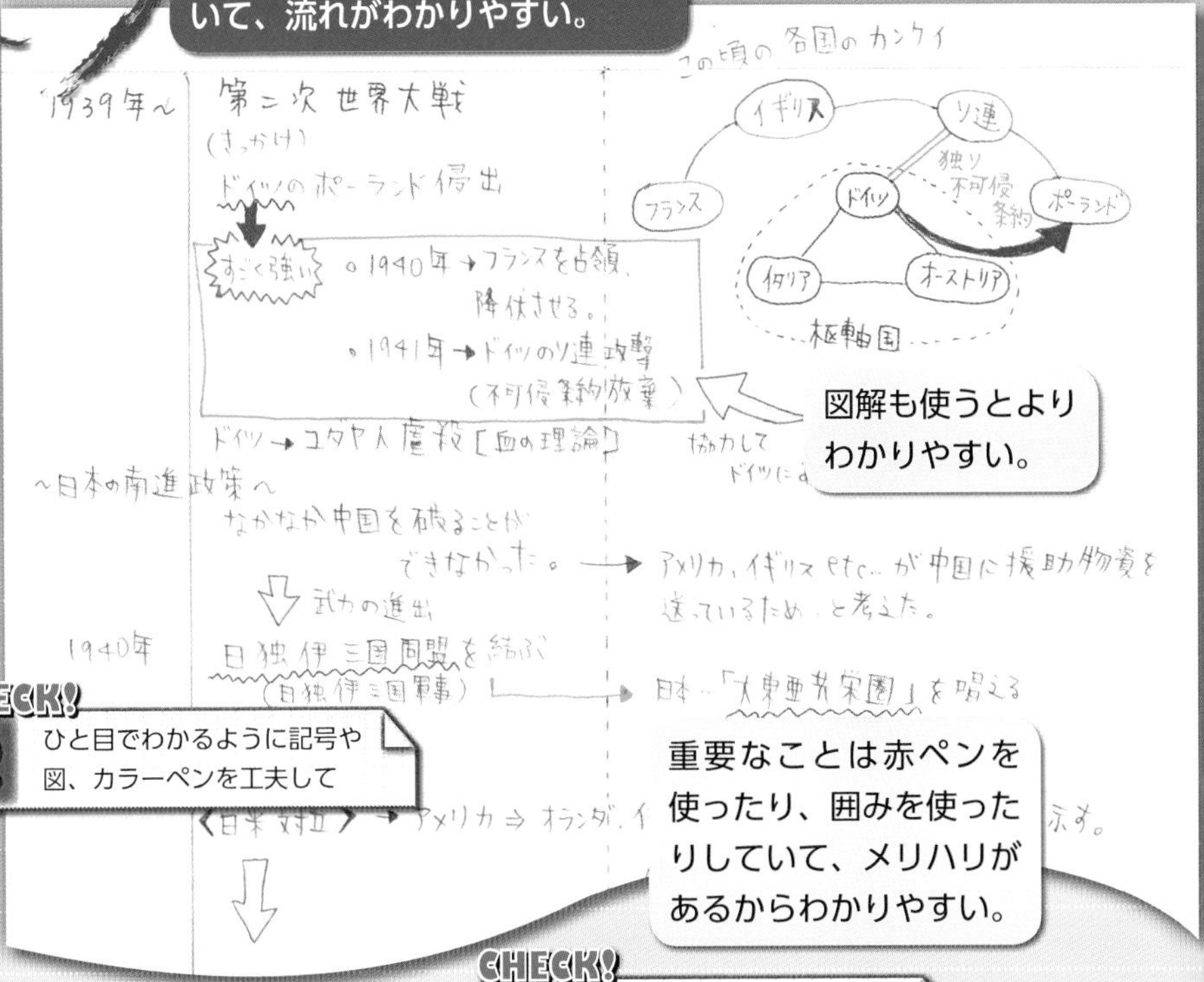

図解も使うとよりわかりやすい。

CHECK! 2 ひと目でわかるように記号や図、カラーペンを工夫して

重要なことは赤ペンを使ったり、囲みを使ったりしていて、メリハリがあるからわかりやすい。

CHECK! 3 用語だけ機械的に覚えるのは大変なわりに力はつかない

NG

同じ生徒の以前のノート。最初は、教科書の内容をそのままノートに書き写し、キーワードにマーカーで線を引いていた。しかし、この方法では苦労するわりに、あとから見返しても何が大事なのかわかりにくい。そこで改善したのが上のノートなのだ。

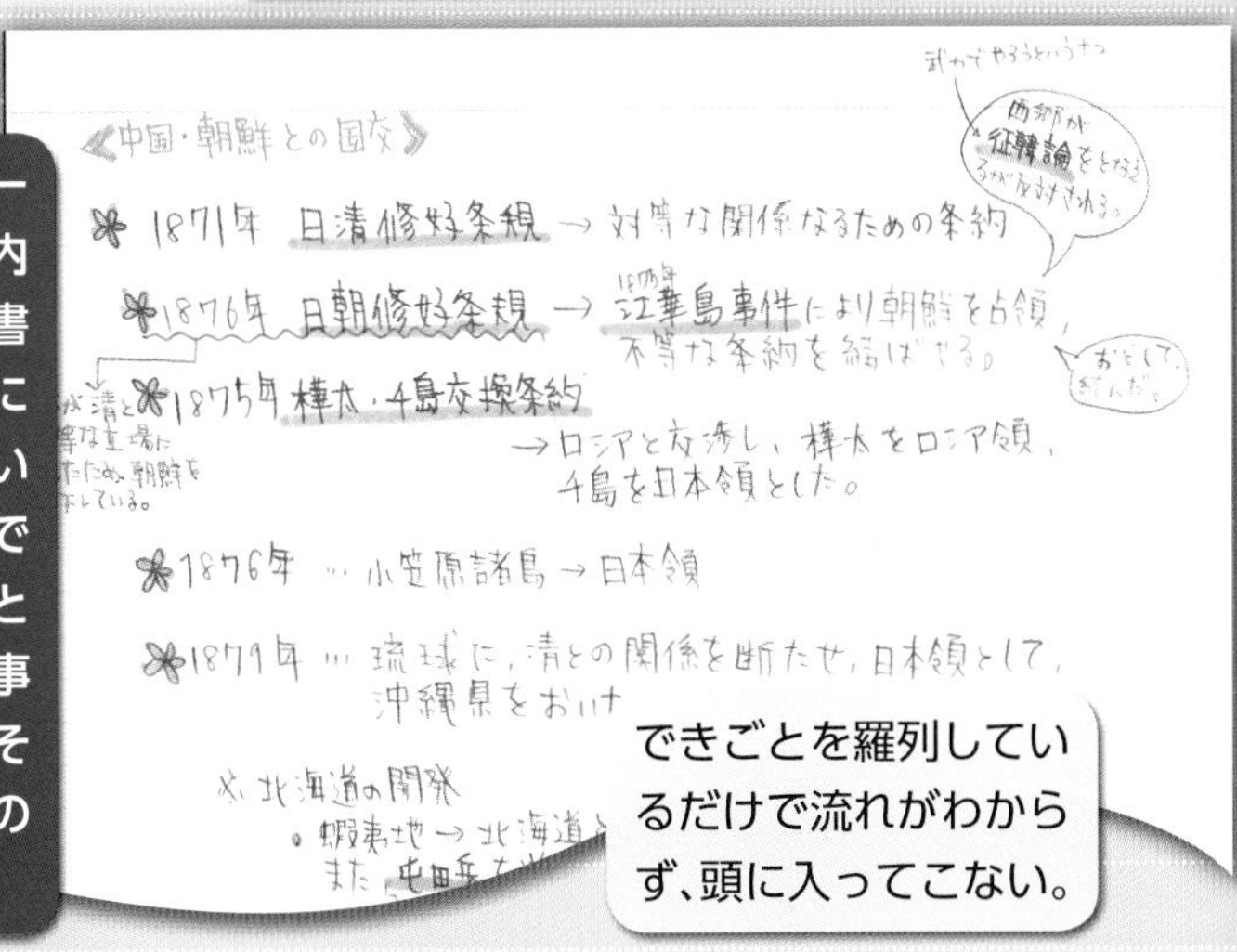

できごとを羅列しているだけで流れがわからず、頭に入ってこない。

GOOD例　「まとめノート」の場合

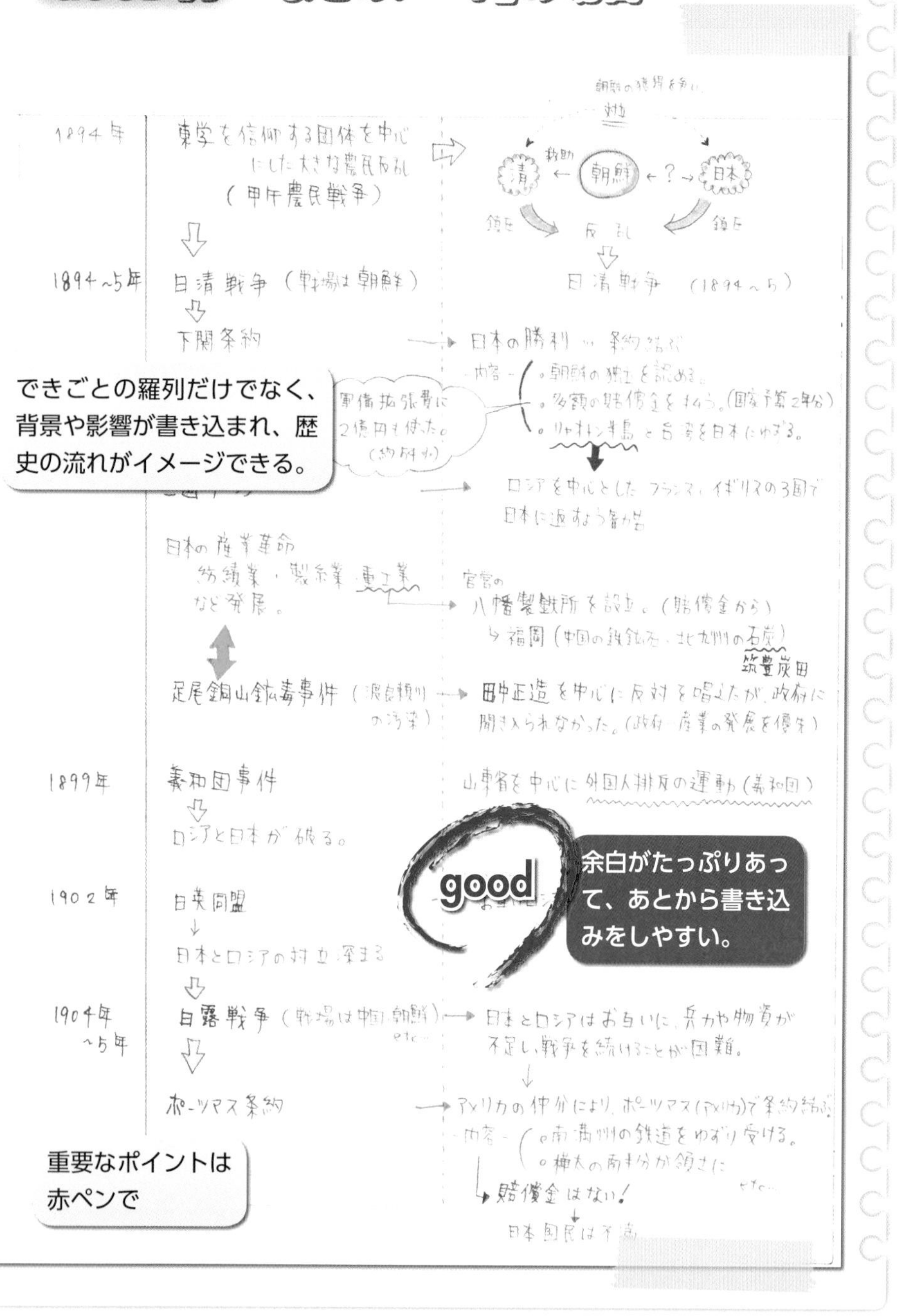

できごとの羅列だけでなく、背景や影響が書き込まれ、歴史の流れがイメージできる。

余白がたっぷりあって、あとから書き込みをしやすい。

重要なポイントは赤ペンで

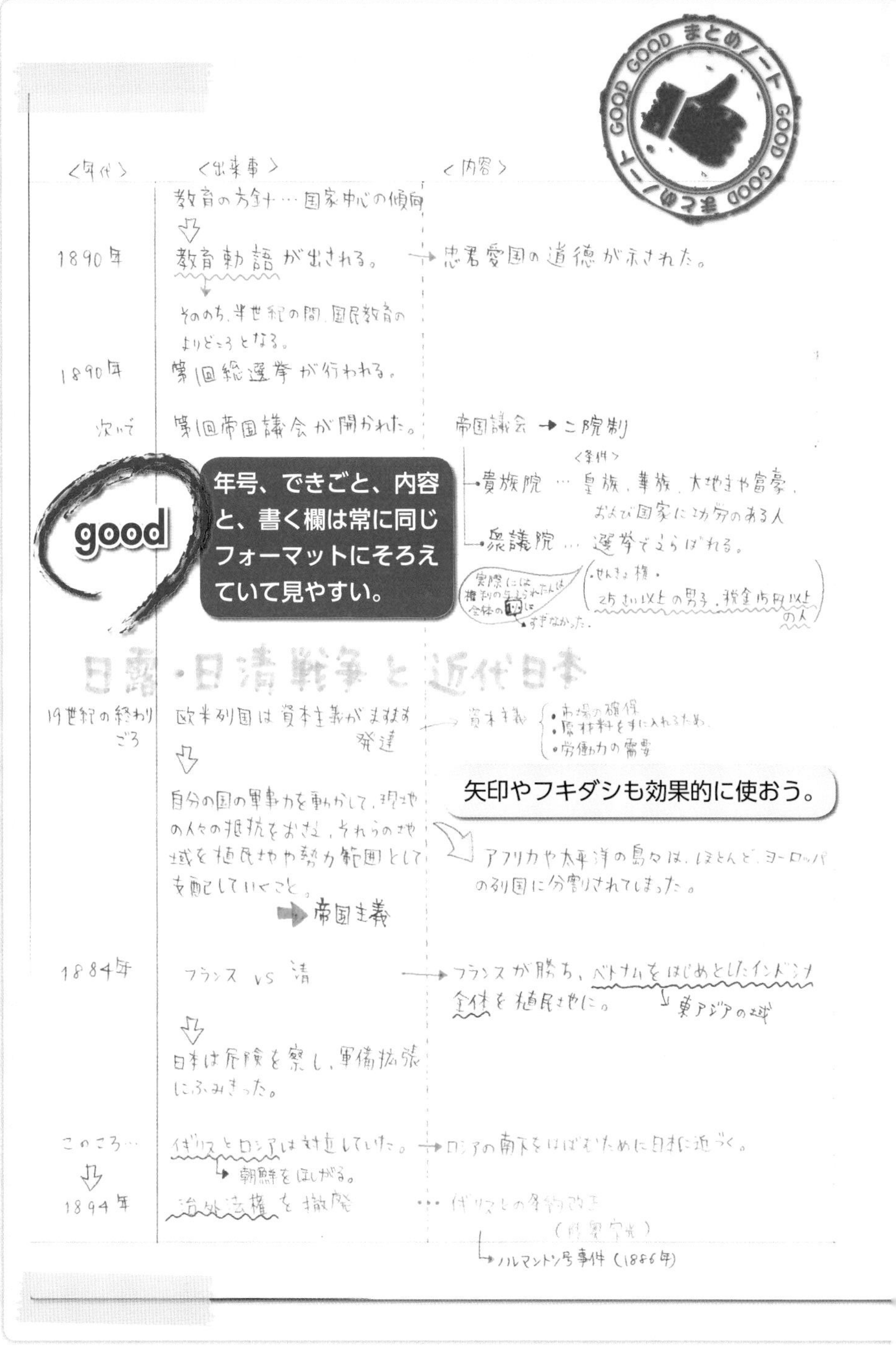

good

年号、できごと、内容と、書く欄は常に同じフォーマットにそろえていて見やすい。

矢印やフキダシも効果的に使おう。

POINT 47

地理は、地図を中心にまとめる

ここがポイント

地形、気候、農業、産業を関連付け

ある地域について学ぶときは、まず地図を書いて全体像をつかもう。忠実に教科書の地図を模写しなくても、ポイントがわかればいい。地図の上に、山脈、川など、代表的な地形を書き込む。その土地の気候も書き込もう。地形と気候にはどんな関係があるか意識しながら書こう。

次に、主だった産業や農作物も同じ地図に書き込む。その土地の農業や産業は、地形や気候と密接な関係があることがわかるだろう。

地図の中に、何もかも書き込むとぐちゃぐちゃになってわかりにくくなるから、解説は余白に書き込むといい。

左ページの例では、地図中には(A)(B)といった記号を書き込み、余白に詳しい解説を書いている。この方法なら、テスト前に、余白の解説を隠して復習用の問題集としても使える。

CHECK!

CHECK 1 地図を書いて地域の全体像を知る

CHECK 2 地形、気候、農業、産業の関連を意識する

CHECK 3 地図は忠実に書かなくていい

CHECK! 1 地図を書きながら覚えるつもりで

good 地図で位置を確認しながら、覚えられるようになっている。

CHECK! 2 地形と気候、気候と農業や産業は必ず関連があるよ

CHECK! 3 地図は大きな特徴やポイントを押さえていればいい

good 地図と解説を記号で照らし合わせながら確認できるようになっている。

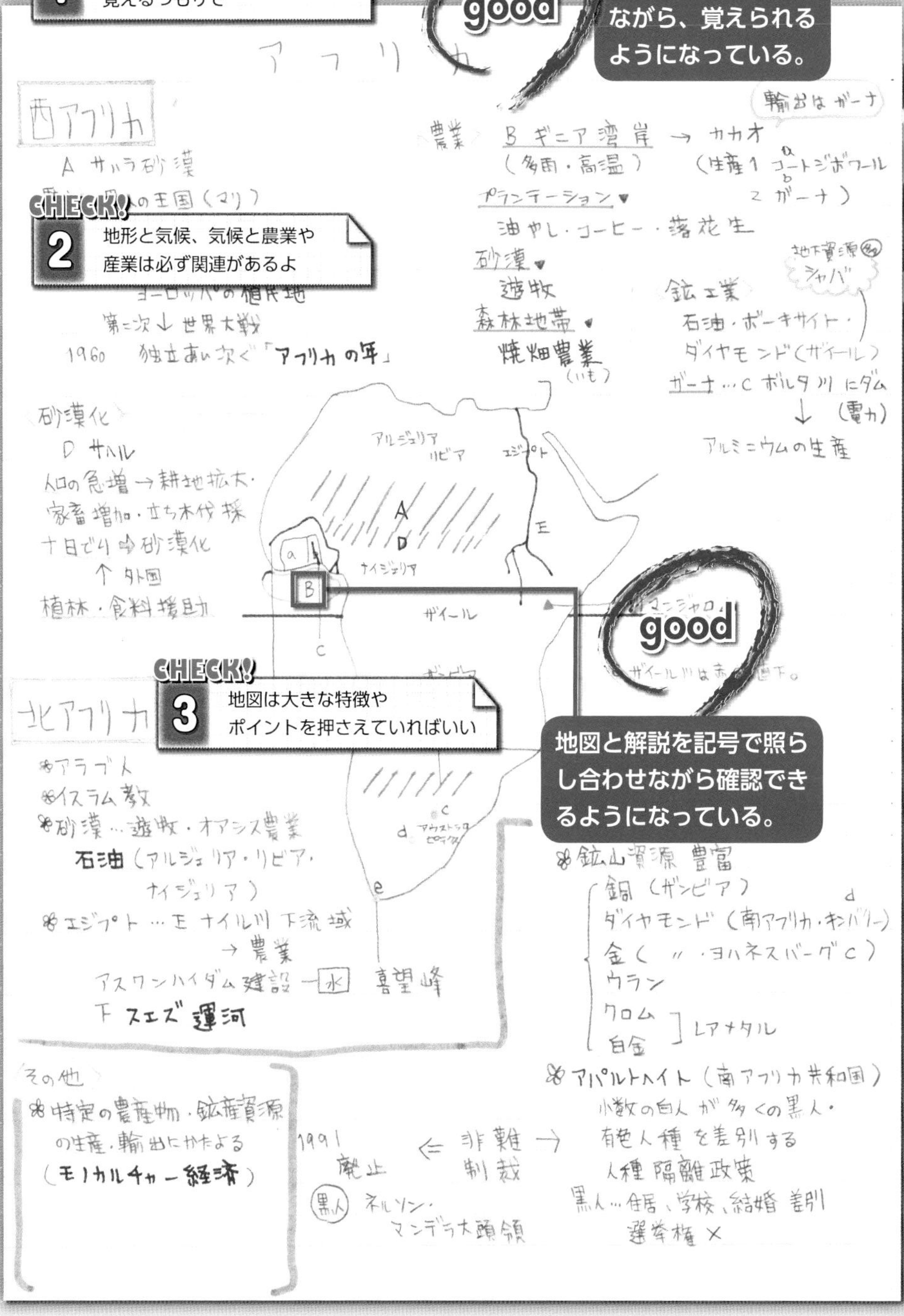

アフリカ

西アフリカ

A サハラ砂漠

人の王国（マリ）

ヨーロッパの植民地

第二次↓世界大戦

1960 独立あい次ぐ「アフリカの年」

〈農業〉 B ギニア湾岸 → カカオ

（多雨・高温） （生産1 コートジボワール a、2 ガーナ b）

輸出はガーナ

プランテーション♥

油やし・コーヒー・落花生

砂漠♥

遊牧

森林地帯♥

焼畑農業（いも）

〈鉱工業〉

石油・ボーキサイト・ダイヤモンド（ザイール）

地下資源 シャバ

ガーナ…C ボルタ川にダム

↓ （電力）

アルミニウムの生産

〈砂漠化〉

D サヘル

人口の急増 → 耕地拡大・家畜増加・立ち木伐採

干ばつ ⇒ 砂漠化

↑ 外国

植林・食料援助

アルジェリア

リビア

エジプト

A

D

a

B

ナイジェリア

E

ザイール

c

キリマンジャロ

ザイール川は赤道直下。

ザンビア

c

d アウストラロピテクス

e

北アフリカ

❀アラブ人

❀イスラム教

❀砂漠…遊牧・オアシス農業

石油（アルジェリア・リビア・ナイジェリア）

❀エジプト…E ナイル川下流域 → 農業

アスワンハイダム建設 ─ 水

喜望峰

F スエズ運河

❀鉱山資源 豊富

銅（ザンビア）

ダイヤモンド（南アフリカ・キンバリー d）

金（〃・ヨハネスバーグ c）

ウラン

クロム ］ レアメタル

白金

❀アパルトヘイト（南アフリカ共和国）

少数の白人が多くの黒人・有色人種を差別する

人種隔離政策

黒人…住居、学校、結婚 差別

選挙権 ×

1991 廃止 ⇐ 非難 制裁 ←

（黒人）ネルソン・マンデラ大統領

〈その他〉

❀特定の農産物・鉱産資源の生産・輸出にかたよる

（モノカルチャー経済）

POINT 48

ここがポイント

公民は、しくみがわかるようにまとめる

身近な問題とも関連付けて覚えよう

公民は、憲法や国会の仕組みなど、私たちの生活に密接にかかわっている事柄について学ぶ。聞きなれない用語が多く最初はとっつきにくいかもしれないが、社会に出たら絶対に必要とされる知識だ。しっかり勉強しておこう。国会や裁判の仕組み、経済の仕組みなどは図式化するとわかりやすい。

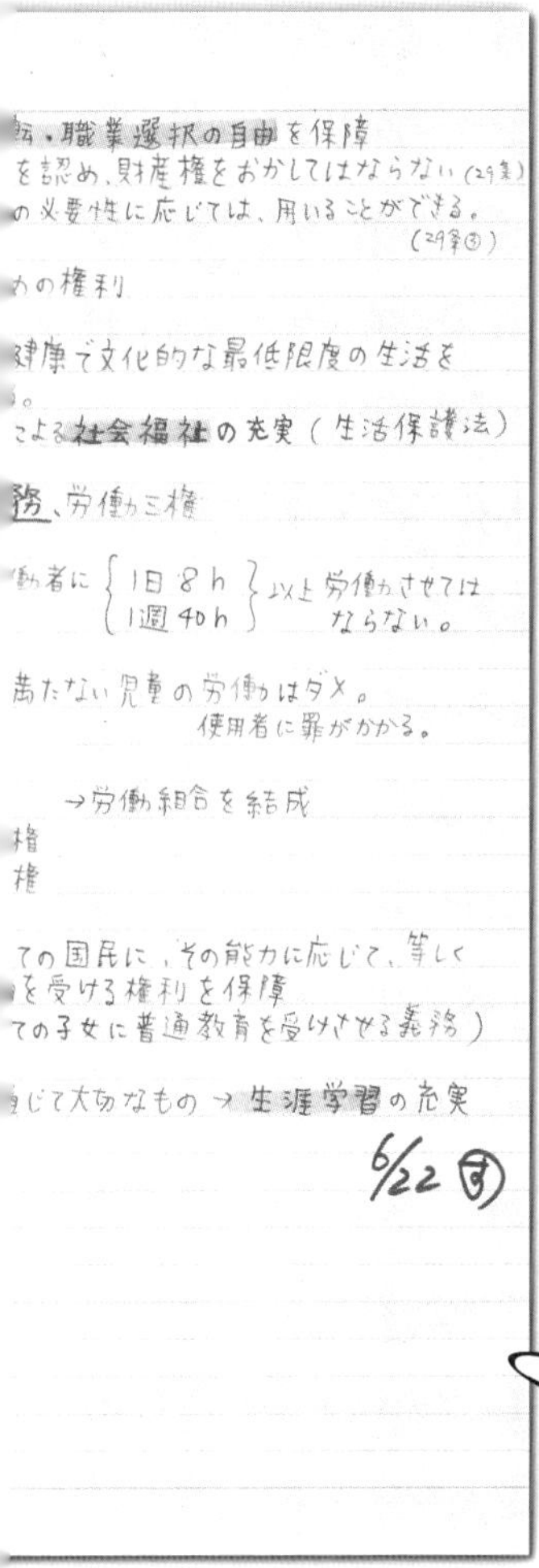
転、職業選択の自由を保障
を認め、財産権をおかしてはならない（29条）
の必要性に応じては、用いることができる。
（29条③）
の権利
健康で文化的な最低限度の生活を
による社会福祉の充実（生活保護法）
務、労働三権
働者に｛1日8h／1週40h｝以上労働させてはならない。
満たない児童の労働はダメ。
使用者に罪がかかる。
→労働組合を結成
権
権
ての国民に、その能力に応じて、等しく
を受ける権利を保障
ての子女に普通教育を受けさせる義務）
じて大切なもの → 生涯学習の充実
6/22

CHECK!

CHECK 1　ぱっと見て全体像がつかめるようにまとめよう

CHECK 2　仕組みがわかるように図式化しよう

CHECK 3　身近な問題との関連も意識しよう

CHECK! 1 頭の中で意味を理解しながらまとめよう

基本的人権は、自分にも直結する問題だ。きちんと頭に入れておきたい。

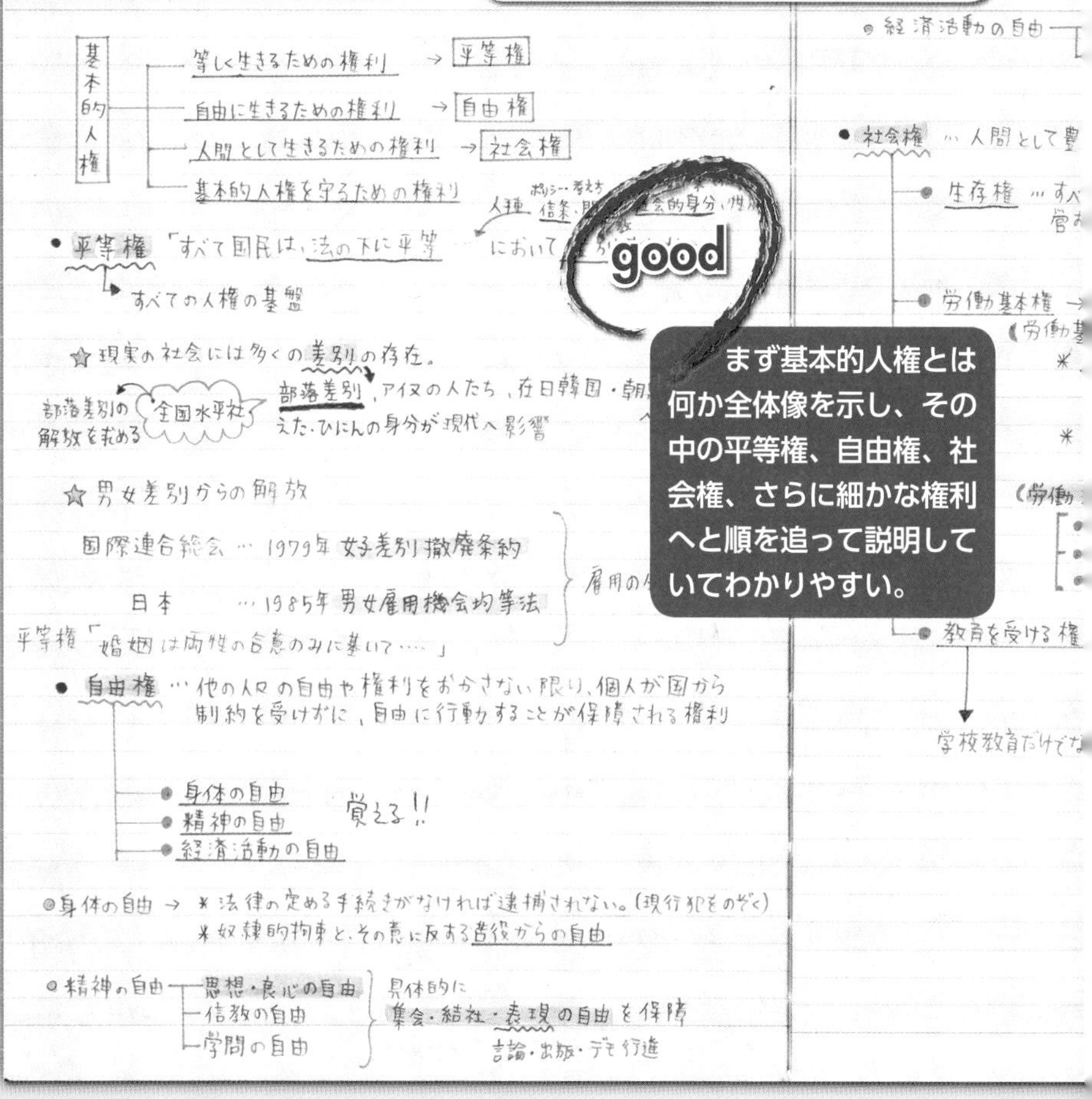

基本的人権
- 等しく生きるための権利 → 平等権
- 自由に生きるための権利 → 自由権
- 人間として生きるための権利 → 社会権
- 基本的人権を守るための権利

・平等権「すべて国民は、法の下に平等 … において … 人種、信条、… 社会的身分、…
→ すべての人権の基盤

☆現実の社会には多くの差別の存在。
部落差別の解放を求める（全国水平社）
部落差別、アイヌの人たち、在日韓国・朝鮮…
えた・ひにんの身分が現代へ影響

☆男女差別からの解放
国際連合総会 … 1979年 女子差別撤廃条約
日本 … 1985年 男女雇用機会均等法
雇用の…
平等権「婚姻は両性の合意のみに基いて……」

・自由権 … 他の人々の自由や権利をおかさない限り、個人が国から制約を受けずに、自由に行動することが保障される権利
- 身体の自由
- 精神の自由
- 経済活動の自由

覚える!!

◎身体の自由 → ＊法律の定める手続きがなければ逮捕されない。（現行犯をのぞく）
＊奴隷的拘束と、その意に反する苦役からの自由

◎精神の自由 ― 思想・良心の自由 ― 信教の自由 ― 学問の自由
具体的に 集会・結社・表現の自由を保障
言論・出版・デモ行進

◎経済活動の自由

・社会権 … 人間として豊…
- 生存権 … すべ… 営…
- 労働基本権 → （労働基…
- 教育を受ける権利 → 学校教育だけでな…

good

まず基本的人権とは何か全体像を示し、その中の平等権、自由権、社会権、さらに細かな権利へと順を追って説明していてわかりやすい。

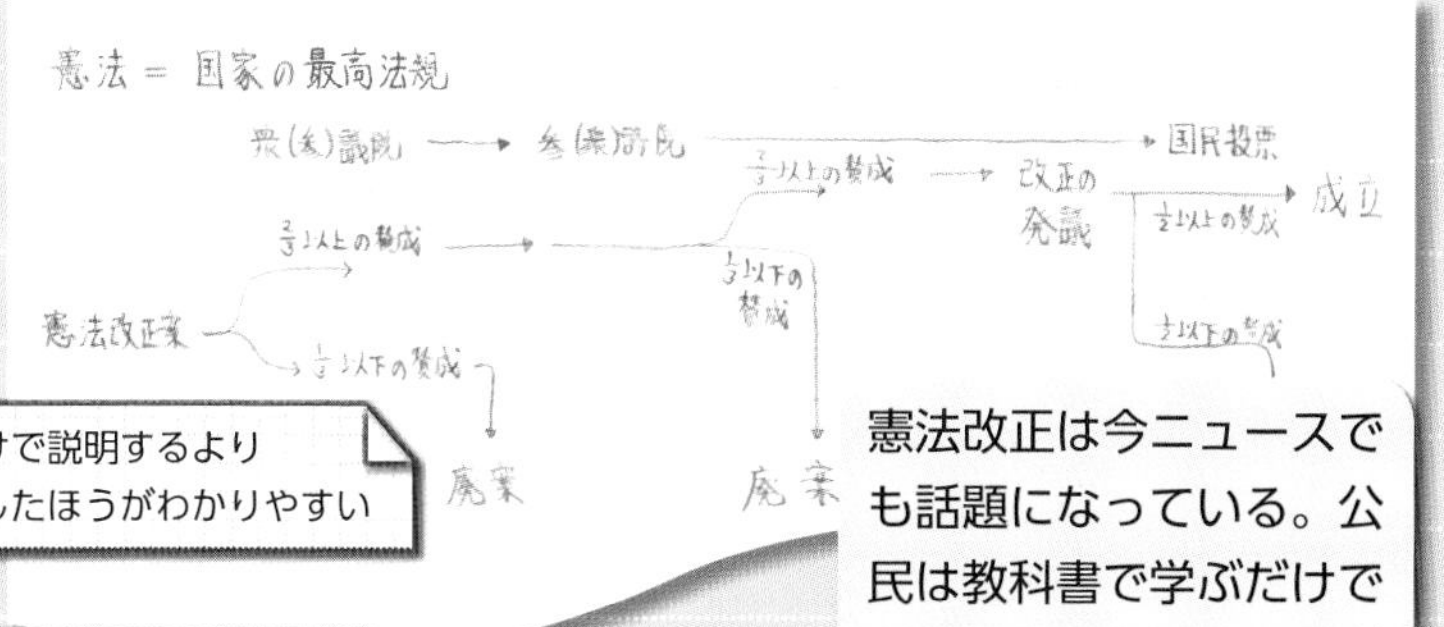

憲法 = 国家の最高法規
衆（参）議院 → 参（衆）議院 → 国民投票
憲法改正案 → $\frac{2}{3}$以上の賛成 → $\frac{2}{3}$以上の賛成 → 改正の発議 → $\frac{1}{2}$以上の賛成 → 成立
$\frac{2}{3}$以下の賛成 → 廃案
$\frac{2}{3}$以下の賛成 → 廃案
$\frac{1}{2}$以下の賛成

CHECK! 2 文章だけで説明するより図式化したほうがわかりやすい

CHECK! 3 経済や社会、政治など身近な問題との関連も意識しよう

憲法改正は今ニュースでも話題になっている。公民は教科書で学ぶだけでなく、身近なことに結び付けて考えよう。

POINT 49

ここがポイント

資料集を上手に活用する

自分なりの考えを補足しよう

まとめノートは自分なりに工夫して手書きすることが望ましいが、場合によっては、資料集をコピーして切り貼りしてもいい。資料を書き写すことが大事なのではなく、資料から何を読み取るかが大事だからだ。受験生は忙しい。省力化できることは省力化しよう。

　ただし、いけないのは、コピーを貼っただけで満足してしまい、何一つ書き込みもないノートだ。何を説明するためにそのコピーを貼ったのか、その資料から何がわかったのか、何と関連しているのか、補足説明を加えて、ノートを完成させよう。

　憲法についてまとめノートを作るとき、条文をいちいち書き写すのは大変。こんなときはコピーを使って省力化もあり。

CHECK!

CHECK 1 コピーを切って貼っただけではなく自分なりのコメントを

CHECK 2 資料の切り貼りを自分なりに加工しよう

CHECK 3 省力化できることは省力化しよう

CHECK! 1 ただコピーを貼って満足しないこと

[精神の自由]

個人が自由に考えたり、発表したりすることは、人間らしく生きる基本。民主主義の基礎

第19条〔**思想及び良心の自由**〕 思想及び良心の自由は、これを侵してはならない。

第20条〔**信教の自由**〕 ①信教の自由は、何人に対してもこれを保障する。いかなる宗教団体も、国から特権を受け、又は政治上の権力を行使してはならない。

②何人も、宗教上の行為、祝典、儀式又は行事に参加することを強制されない。

③国及びその機関は、宗教教育その他いかなる宗教的活動もしてはならない。

第23条〔**学問の自由**〕 学問の自由は、これを保障する。

CHECK! 2 線を引いたり、書き加えたり、自分なりに加工しよう

具体的に発表する自由 →

第21条〔**集会・結社・表現の自由、通信の秘密**〕 ①集会、結社及び言論、出版その他一切の表現の自由は、これを保障する。

②検閲は、これをしてはならない。通信の秘密は、これを侵してはならない。

※表現の自由 — 言論 出版 デモ行進 絵画などがふくまれ 出版物の検閲や通信の秘密をおかすことはしてはな

※結社 — 同じ考え 主義をもつ人々の作る

ただコピーを貼るだけではなく、自分で気付いたこと、先生の解説などを書き込もう。

[経済活動の自由]

第22条〔**居住・移転及び職業選択の自由、外国移住及び国籍離脱の自由**〕 ①何人も、公共の福祉に反しない限り、居住、移転及び職業選択《せんたく》の自由を有する。

CHECK! 3 時間を上手に節約することも大事だ

第29条〔**財産権**〕 ①財産権は、これを侵してはならない。

②財産権の内容は、公共の福祉に適合するやうに、法律でこれを定める。

③私有財産は、正当な補償の下に、これを公共のために用ひることができる。

社会権

資本主義の発達 → 経済上の不平等 → 労働者が団結し

→国の力と人々の協力により、すべての人間が人間らしく ならない。

・人間として豊かに生きるための権利　社会権 ─ 生存権
─ 労働基本権
─ 教育を受ける権利

コピーを貼るだけではなく、自分で補足をして、まとめノートを完成させている。

good

憲法の問題でよく出る条文はだいたい決まっている。主だったものを切り貼りして覚えておこう。

POINT 50

解き直しノートは自分への教訓ノート

ここがポイント 余白に自分のつぶやきも書き込もう

演習問題や模試で間違った問題だけを抜き出して解き直すノートを用意しよう。

正解したけれどうろ覚え、たまたま合っていたという問題も再度解いておこう。これを続けていると、いつも同じところで間違っていることに気付いたり、自分の弱点がわかったりする。

解くだけでなく、余白に、間違った理由、解き方のコツなど、気になったことはどんどん書き込もう。自分では解決できない疑問点は、付箋を貼っておき、あとで先生に確認しよう。

先生からのアドバイス

間違った問題は解き直し、間違った理由も考えよう。正解でもたまたま合ったものはいっしょに解き直しておこう。

CHECK!

- CHECK 1 間違った問題は解き直そう
- CHECK 2 自分への戒めを書いておこう
- CHECK 3 間違えた理由も書こう

CHECK!
1 間違ったままにしないで
解き直しは何よりの勉強になる

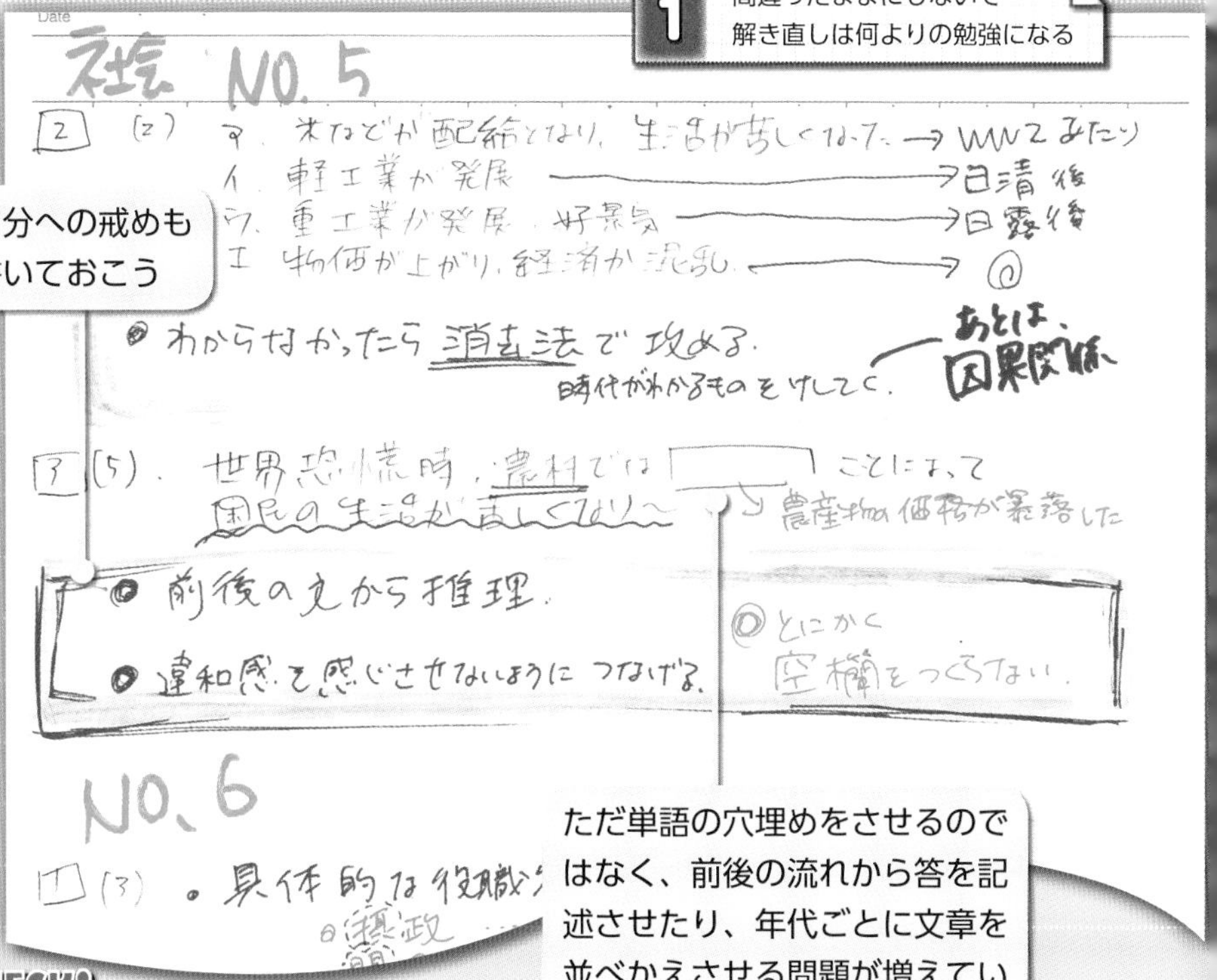

自分への戒めも
書いておこう

ただ単語の穴埋めをさせるのではなく、前後の流れから答を記述させたり、年代ごとに文章を並べかえさせる問題が増えている。全体像をつかんでいないと解けないから要注意。

CHECK!
2 まあいいや、で終わらせずに
二度と間違えないと言い聞かせる

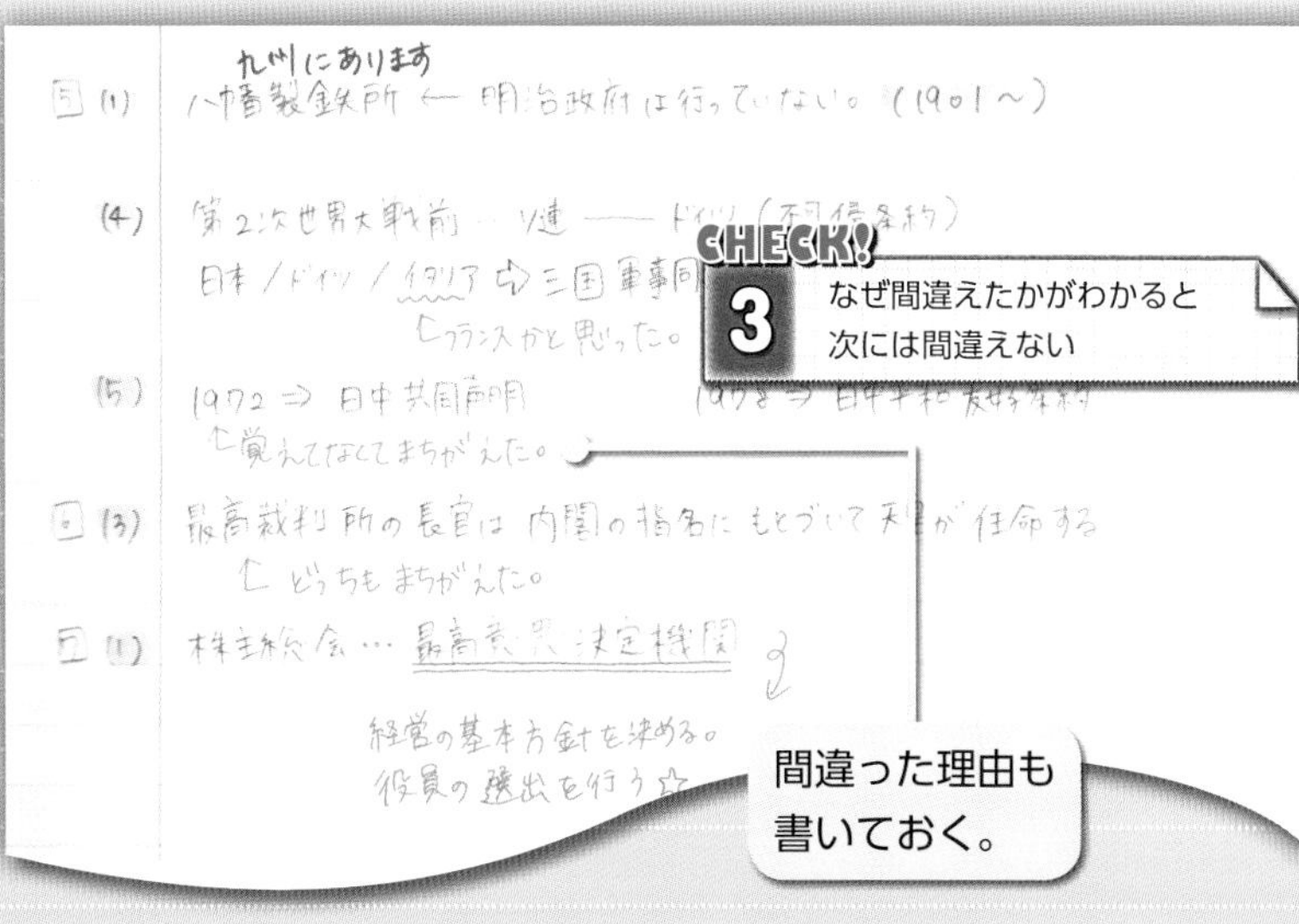

CHECK!
3 なぜ間違えたかがわかると
次には間違えない

間違った理由も
書いておく。

GOOD例 「まとめノート」の場合

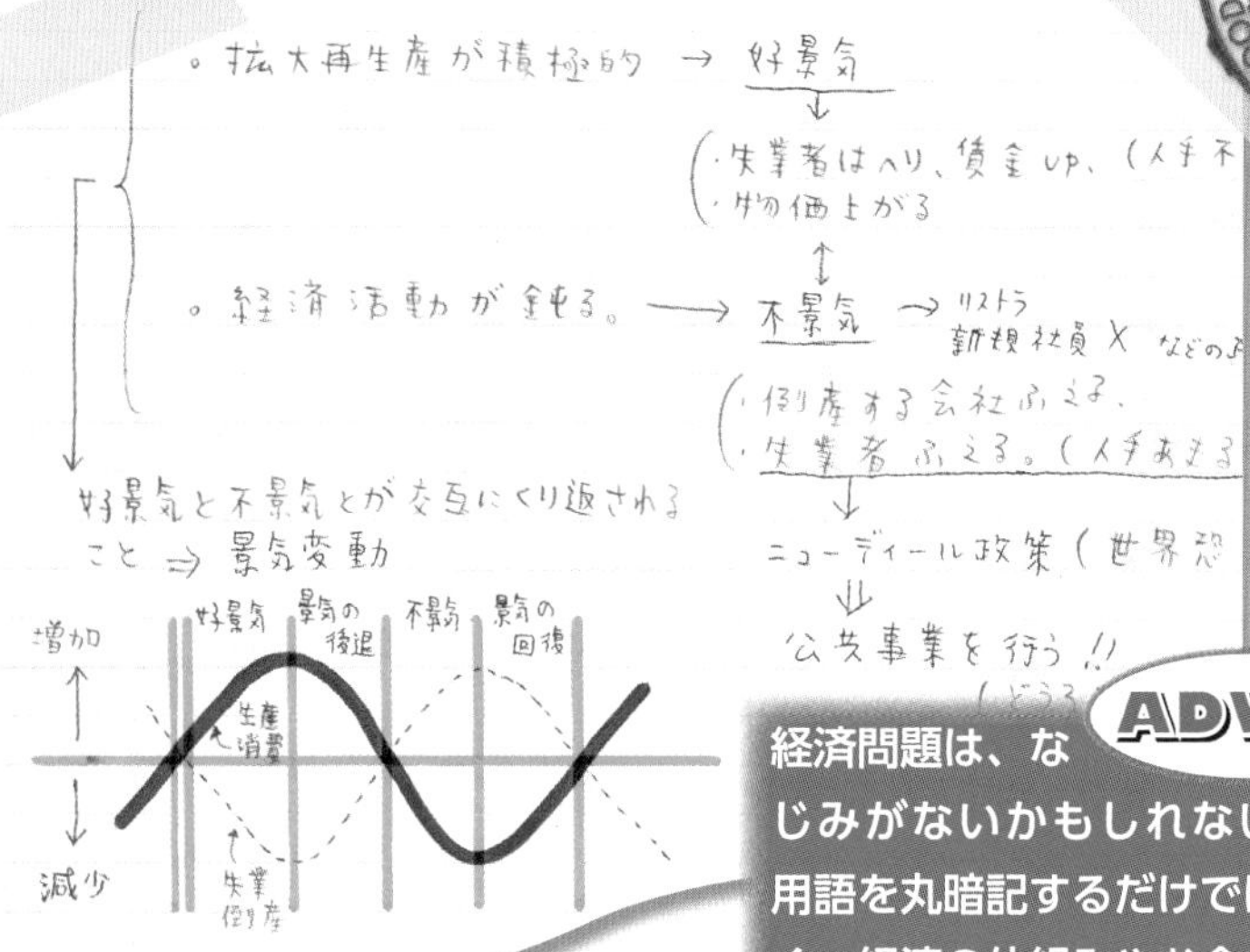

なぜ景気が変動するのか、流れがよくわかる。

ADVICE

経済問題は、なじみがないかもしれないが、用語を丸暗記するだけではなく、経済の仕組みやお金の流れを理解すると難しくはない。

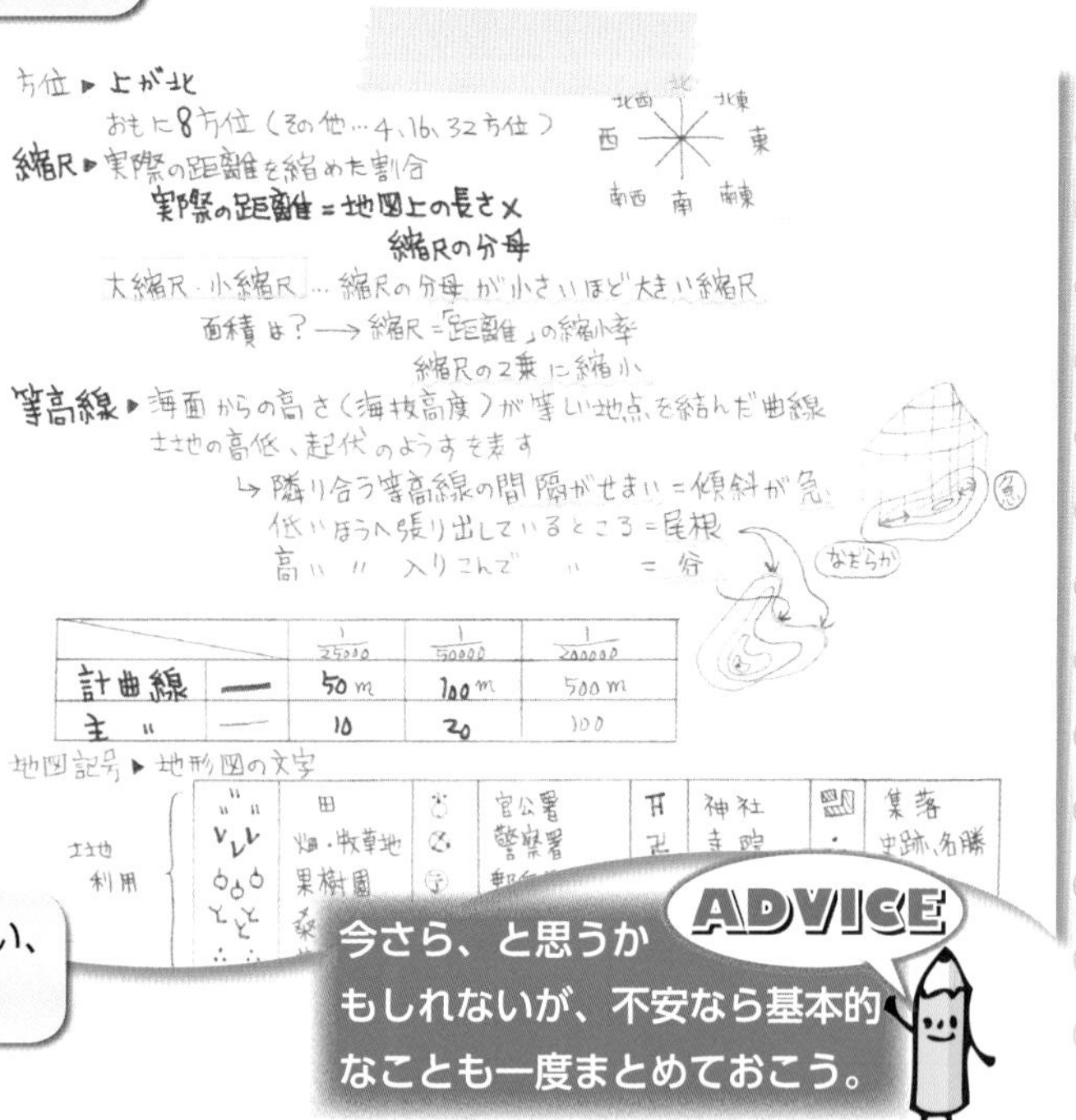

図解や表を使い、わかりやすい。

ADVICE

今さら、と思うかもしれないが、不安なら基本的なことも一度まとめておこう。

本番に向けてのアドバイス

アドバイス編

受験のためにどんなふうに勉強をすればいいか、ノートの作り方を中心に述べてきた。ノートを文字や図で埋めるという面倒な作業を、いやがらずにしっかりこなしてきたキミなら、受験に必要な力がしっかり身についていることと思う。これまで作ってきたノートの数は、それだけキミの自信につながることだろう。ここからは、ノート術とは直接関係ないが、ぜひ知っておいてもらいたい、受験本番に向けてのアドバイスを述べておきたい。

POINT 51

自分の実力を知っておこう

ここがポイント

塾主催の無料模試を利用しよう

キミたちの成績は、テストの点だけでなく、提出物、遅刻や欠席の回数、学習態度なども含めた絶対評価で決められる。純粋に点数だけで評価するのと違って客観性に欠ける欠点があり、自分の実力が今どのくらいなのかを判断するのが非常に難しい。

本当の実力を知るためには、模擬テストを受けることが一番。塾に行っていれば、受験の機会はあるが、そうでない人は、夏休みや冬休み前に、塾主催で無料の実力診断テストをやっていることが多いので、それを利用しよう。多くの生徒が受けるから、自分がどのくらいの成績なのか、学校の通信簿よりも客観的に知ることができるだろう。

塾主催の模擬試験を受けたからといって、必ず入塾しなければならないわけではないから、うまく利用してみよう。

CHECK!

CHECK 1 絶対評価では本当の実力がわからないから気をつけよう

CHECK 2 全国模試で自分の実力を知っておこう

CHECK 3 塾の無料実力診断テストを利用しよう

POINT 52

秋の模擬試験が将来を決める

ここがポイント

9、10、11月の模擬試験でしっかり点を取る

秋以降になると、多くの私立高校で個別相談会が開催される。このときに、これまでの通知表のコピーと9、10、11月の模擬試験の結果を持参するように言われるはずだ。その結果と、高校が求める成績の基準点を照らし合わせて、キミが入学に値するかどうかを高校側が判断する。つまり、相談会と言いつつこれは事実上の入学面接なのだ。

もし、通知表の評定があまりよくない場合でも、模擬テストでまずまずの結果を出していれば、内々定をもらえる可能性がある。だから、9、10、11月の模試は、しっかり点を取っておきたい。この模試がキミの将来を決めると言ってもいいのだ。

先生からのアドバイス

早めに内々定をもらっていれば、安心して本命の学校に向けての勉強に取り掛かることができる。その意味で秋の模擬試験はとても重要な位置づけと言える。

CHECK!

CHECK 1　秋以降の個別相談会は、事実上の入学面接

CHECK 2　中3の、9、10、11月の模試でしっかり点を取ろう

CHECK 3　早めに内々定を取って本命校の受験に備えよう

POINT 53

模試の結果をどう生かすか

ここがポイント

みんなが正解した問題は落とさない！

模擬テストの結果が返ってきたら、点数だけを見てそれっきりではなく、どの単元のどの項目を間違えたかしっかりチェックしよう。キミの弱点を知ることができるからだ。もう一つ見てほしいのは、正答率だ。正答率が7割なら、受験した人の7割がその問題に正解したということ。1割なら、1割の人しか正解できなかったということ。正答率1割の問題を間違ったとしても、みんなもできないのだからかまわないが、正答率7割の問題をもし間違えていたとしたら要注意。そこで合否が分かれてしまうかもしれない。みんなができる問題は、決して落とすことのないように、しっかり見直しておこう。

先生からのアドバイス

テストの点の良し悪しで一喜一憂するのではなく、どこをなぜ間違えたか、きちんと分析しよう。

CHECK!

- CHECK 1　模試の結果から自分の弱点を知ろう
- CHECK 2　正答率の高い問題は絶対間違えないようにしよう
- CHECK 3　間違いは、必ず解き直そう

POINT 54

過去問の勉強はいつからするか

ここがポイント

12月スタートで十分

過去問はあまり早くからする必要はない。そもそも、9月や10月の段階では、まだ習っていないところもあるから、ほとんど解くことはできないだろう。受験勉強の仕上げ段階の1月や2月でも6割程度しかできないのが過去問なのだ。早くからやりすぎて自信をなくすだけならしないほうがいい。ただ、自分が行きたい学校の問題に一度ふれておくことで、闘志が燃えるという人もいるだろうから、そこは人それぞれでいい。

過去問に取り組むときは、制限時間を守って、本当の試験と同じ気持ちで取り組もう。本番までに、過去問集1冊分はひととおりすませておきたい。

先生からのアドバイス

過去問の前に志望校を決めなければならないが、第一志望は高望みしていい。最初から低い目標しか持っていなければ、成績もそれなりにしかあがらないからだ。

CHECK!

- CHECK 1　過去問は12月ごろからスタートしよう
- CHECK 2　意欲を高めるためなら早めの取り組みもいい
- CHECK 3　本番と同じように時間を計って取り組もう

POINT 55

入試直前は何を勉強するか

ここがポイント

うろ覚えのことを完璧にしよう

本番まで1カ月を切っている、そんなときに、これまで見たこともない、全く歯が立たない問題に出くわした。解説を見ても先生に聞いてもよくわからない。次回似た問題が出ても解ける自信がない、という場合どうすればいいか。その問題はあっさり捨てていい。わからない問題を見てパニックになるよりは、できることを再確認して自信をつけよう。うろ覚えのところは完璧にしておこう。

歯が立たなかったのと似た問題が入試に出てきたら、迷わず捨てていい。そこで時間を費やすよりは、できるはずの問題をうっかりミスで落とさないことだ。

先生からのアドバイス

昨年のデータを見て、志望校の合格最低点を確認しておこう。入試で満点を取る必要はない。合格点が取れればいいのだ。

CHECK!

CHECK 1 直前でも解けない問題は捨てよう

CHECK 2 うろ覚えのことはゼロにしよう

CHECK 3 合格最低点を確認しておこう

GOOD例 「まとめノート」の場合

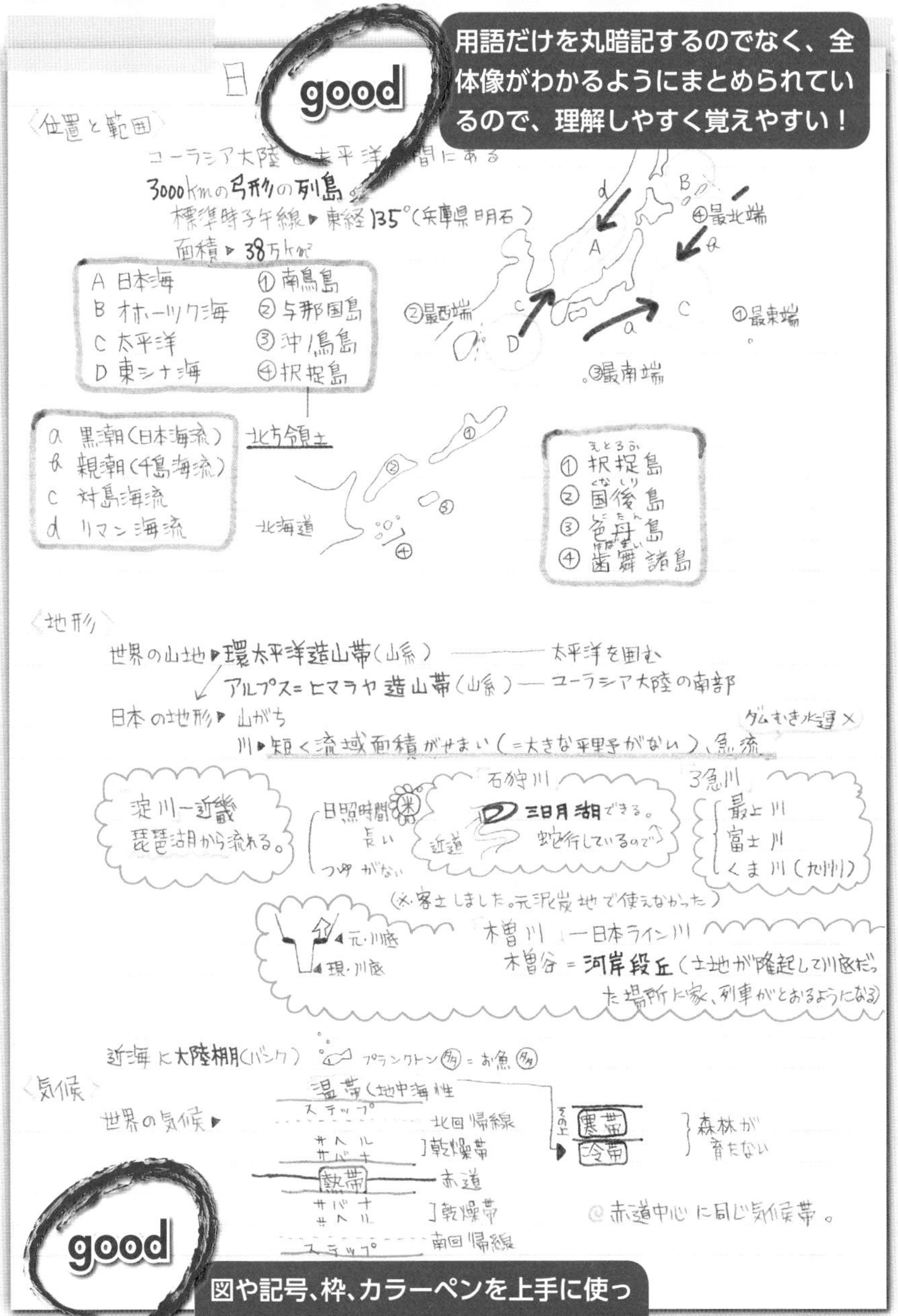

日

〈位置と範囲〉

ユーラシア大陸と太平洋の間にある
3000kmの弓形の列島
標準時子午線▶東経135°(兵庫県明石)
面積▶38万km²

A 日本海
B オホーツク海
C 太平洋
D 東シナ海

① 南鳥島
② 与那国島
③ 沖ノ鳥島
④ 択捉島

②最西端
④最北端
①最東端
③最南端

a 黒潮(日本海流)
b 親潮(千島海流)
c 対馬海流
d リマン海流

北方領土
北海道

① 択捉《えとろふ》島
② 国後《くなしり》島
③ 色丹《しこたん》島
④ 歯舞《はぼまい》諸島

〈地形〉

世界の山地▶環太平洋造山帯(山系) —— 太平洋を囲む
アルプス=ヒマラヤ造山帯(山系) —— ユーラシア大陸の南部
日本の地形▶山がち
川▶短く流域面積がせまい(=大きな平野がない)、急流
ダムむき水運×

淀川ー近畿
琵琶湖から流れる。

日照時間(米)
長い
つゆがない

石狩川
三日月湖できる。
近道
蛇行しているので

3急川
最上川
富士川
くま川(九州)

(※客土しました。元泥炭地で使えなかった)

元・川底
現・川底
木曽川 ー日本ライン川
木曽谷 = 河岸段丘(土地が隆起して川底だった場所に家、列車がとおるようになる)

近海に大陸棚(バンク) プランクトン(多) = お魚(多)

〈気候〉

世界の気候▶
温帯(地中海性
ステップ
北回帰線
サヘル
サバナ
]乾燥帯
熱帯 赤道
サバナ
サヘル
]乾燥帯
南回帰線
ステップ

その上
寒帯
冷帯
} 森林が育たない

◎赤道中心に同じ気候帯。

good

用語だけを丸暗記するのでなく、全体像がわかるようにまとめられているので、理解しやすく覚えやすい！

good

図や記号、枠、カラーペンを上手に使っていて見やすく、わかりやすいね！

おわりにかえて

最後に高校入試の全体的な傾向や注意点を述べておこう。

キミたちの多くは公立高校と私立高校のどちらかを第一志望として、もう一方を併願校として受験するだろう。一部国立高校を受験する人もいるだろうが、少人数なのでここでは触れないことにする。

まず私立高校について。私立は、学校ごとに試験問題の傾向が全く異なる。さらに要注意なのが「制度変更」と「学校改革」だ。これによって学校の難易度が大きく変化することがある。たとえば東京では、以前は３００名以上の募集をしていたのに、4年後に１００名ちょっとに減ってしまった学校がある。中高一貫校で、高校からの募集を廃止してしまう学校もある。他にも共学化や校地移転などが原因で、人気が高まって志願者数が急増したり、逆に減ったりと変動が大きいのだ。

中1、中2生が注意したいのは今の状況が変わってしまうことがあるということ。現在の学力でまぁ大丈夫だろうと安心していると、学校の難易度が突然変わって中3になって慌ててしまうなんてことにならないように学力をコツコツつけるのと同時に、入試情報を常にキャッチできるようにアンテナを張っておこう。

次に公立高校受験について。準備編で「調査書は大事」と強調したが、実際には多くの学校で内申書の比重は低下している。だから、内申点のことばかり考えて点取り虫になる必要はない。ただし、中学の先生の印象を悪くしてしまう行動は絶対によくない。やはり調査書の評価はよいに越したことはないのだ。

　ここではもう一つ、注意しなければならないことを伝えておこう。それは「学習指導要領」についてだ。文部科学省では10年に一度、学習指導要領を変更する。これによって中学校で習うことが大きく変わることがある。当然、入試に出る内容も変わってくる。この影響をもろに受けるのが公立高校。中学の途中で指導要領が変わったために「中学校で習っていないことが入試で出てしまった」ということも起こりうるのだ。とくに、学校によって習ったり習わなかったりの差が発生しやすい「移行措置期間」と呼ばれる数年間に中学生になった人は要注意だ。学習塾に通っていればそういう変化への対応もしてくれるのが一般的だが、そうではない場合もあるから、自分で情報を常にキャッチできるようにアンテナを張っておきたい。ネットや進学情報誌、進学説明会などはチェックしておこう。

　いろいろ述べてきたが、最も大事なことは「あの高校に行きたい！」と決め、その気持ちを心の中で大きくしていくこと。情報に振り回されずに、絶対に合格するんだと決意すること。その気持ちが整ったとき、真の受験勉強が始まるのだ。偏差値の20や30のギャップがあっても逆転合格してきた子は、皆はじめは自信がなかったが、でも必ず行動を起こしてきた。

　本書がキミの逆転合格のキッカケになれば、これ以上の幸せはない。

Ｏａｓｉｓ　塾長　小澤　淳

【監修】小澤　淳（おざわ あつし）
静岡県富士市にある「算数・数学専門塾Oasis」塾長。元文部科学大臣・下村博文氏の経営していた塾で８年、関東に拡がる大手塾・早稲田アカデミーで15年勤務した後、理想の教育を求めて独立。市ヶ谷の塾経営、福島県いわき市での授業などを経て現在に至る。「頭がいい先生はゴロゴロいる。問題はどうやって子ども達の成績を上げるかだ！」「わかるとできるは別のこと。できるようになるにはコツがある！」そのこだわりからノートに関する独自の理論を確立し、ＮＨＫニューベンゼミ出演や新聞・雑誌で取り上げられるなど、各方面からの評価を受けている。遠方の生徒にはZoom指導実施中。
著書：『中学生の成績が上がる！「教科別ノートの取り方」最強のポイント55』『13歳からの「手帳活用術」はじめる！実力アップ習慣』（メイツ出版）ほか。
◆熱血塾講師 小澤淳のブログ https://ameblo.jp/ozawa-atsushi/

【執筆協力】
独自の「やる気アップメソッド」で公立高校首都圏合格力トップレベルを誇ります！
誉田進学塾／山口修一・溝川　誠

みらい学舎は学習を通して地域の子どもたちの「未来」を育てていきます。
みらい学舎／太田　仁・上山愛理

ICTをハートフルに活用し学校英語と実践英語の WIN × WIN を目指す。
母親目線の指導も好評。
キッズイングリッシュ／金谷尚美

【ノート提供協力】
麹町学園女子中学校高等学校、誉田進学塾、みらい学舎、
キッズイングリッシュの生徒たち

■編集・制作：有限会社イー・プランニング
■編集協力：石井栄子　■デザイン DTP：大野佳恵

高校受験で成功する！　中学生の「合格ノート」改訂版 教科別必勝ポイント55

2021年6月20日　第１版・第１刷発行
2022年8月20日　第１版・第３刷発行

監　修　小澤　淳（おざわ あつし）
発 行 者　株式会社メイツユニバーサルコンテンツ
代表者　三渡　治
〒102-0093　東京都千代田区平河町一丁目1-8
印　刷　株式会社厚徳社

ご意見・ご感想はホームページから承っております
ウェブサイト　https://www.mates-publishing.co.jp/

編集長：折居かおる　副編集長：堀明研斗　企画担当：折居かおる

※本書は2014年発行の『高校受験で成功する!中学生の「合格ノート」教科別必勝ポイント55』を「改訂版」として発行するにあたり、装丁を変更し、加筆・修正をしたものです。